Parents de djihadiste

La collection *Monde en cours*
est dirigée par Jean Viard

© Éditions de l'Aube, 2017
www.editionsdelaube.com

ISBN 978-2-8159-2040-7

Céline Schoen

Parents de djihadiste

éditions de l'aube

L'écriture de ce livre a été achevée en septembre 2016.

*À tous les « Parents concernés ».*

## Avant-propos

Par un texto. Un simple texto. Quelques mots sur un écran brillant. Voilà comment certains parents ont appris la mort de leur enfant parti en Syrie. D'autres espèrent toujours un retour – à la maison, à la raison – de la chair de leur chair. Aucun parmi ces parents, de confession musulmane, chrétienne ou bouddhiste, n'a cerné les indices de la radicalisation violente. Ils n'ont pas su lire les signes avant-coureurs. Au contraire, certains ont perçu ce vif intérêt soudain porté à la religion comme une preuve de maturité, un passage bienvenu à l'âge adulte. Leur petit devenait grand. D'autres se sont montrés plus sceptiques quand leur enfant a multiplié les allers-retours à la mosquée et changé ses habitudes alimentaires ou vestimentaires. Tous ont vécu le même désarroi, lorsqu'un matin au réveil ou un soir de retour du travail, leur fils (pour la plupart) ou leur fille (le radicalisme ne les épargne pas) n'était plus là. Le djihad avait volé leur bébé.

Des parents ont voulu se rendre à leur tour en Syrie, pour chercher leur enfant ou tenter de comprendre ce qu'il a pu y trouver. Aucun n'a dépassé la frontière avec la Turquie. Certains ont réussi à maintenir un semblant de contact, mais aucun ne connaît clairement le rôle de son enfant ou son groupe d'appartenance (surtout pour les jeunes partis tôt, dès 2012, quand l'emprise de l'organisation État islamique n'était pas encore si prégnante). Ces enfants-là ont tout renié, de leur mode de vie à leur identité, troquant des prénoms choisis avec amour contre des noms de guerriers au service d'Allah.

Au sein de la commune bruxelloise de Molenbeek, des mères et des pères de djihadistes belges, les « Parents concernés », se regroupent régulièrement. Parfois, de nouveaux visages – cernés, creusés – viennent rejoindre la bande des « parents de terroristes ». Car c'est ainsi que les dépeint le monde extérieur : des monstres, irresponsables, qui méritent d'être internés pour délit de « mauvaise éducation ». Il a fallu du temps aux parents pour l'affirmer, mais aujourd'hui, ils le disent haut et fort : ils ne sont pas responsables de ces départs.

Du mal-être postadolescence aux difficultés d'intégration, une série de facteurs annexes est à prendre en considération. À Molenbeek, le chômage des jeunes, entre 18 et 25 ans, dépasse la barre des 40 %. À ce terreau instable se greffe le « Cheick Google », comme beaucoup le dénomment à Bruxelles. Internet et les réseaux sociaux jouent un rôle important dans la radicalisation. Les parents insistent également sur le motif du départ de leur enfant. En tête de liste, une motivation d'ordre humanitaire : aider son prochain en Syrie, opprimé par le régime de Bachar Al-Assad.

Mais des « Parents concernés », il n'y en a pas qu'à Bruxelles. À ce jour, quelque quatre mille ressortissants de l'Union européenne auraient, selon les estimations de la Commission européenne, rejoint des organisations terroristes dans des pays en conflit tels que la Syrie et l'Irak. Il y aurait donc huit mille parents de djihadistes, à travers l'Europe. Parmi eux, certains ont fait le pari de se regrouper pour être plus forts. Au moins psychologiquement.

Aucun parent n'a fini son deuil ; ils doutent d'y parvenir un jour. Mais tous ont une certitude : il faut que le départ de leur enfant serve une cause. Et certainement pas celle défendue par leur progéniture. Ces parents haïssent l'organisation État islamique et ses recruteurs autant qu'ils aiment leur enfant : infiniment, indescriptiblement.

Dans cet ouvrage, cinq parents belges et français ont décidé de faire la lumière sur l'histoire de leur enfant, qui est aussi la leur. De la partager, de l'analyser. De la revivre. Ils ont aussi accepté de se raconter, eux. Leur but est simple : empêcher d'autres départs.

Ces parents qui se sont résolus à prendre la parole enchaînent, pour certains, les débats, animent des conférences, participent à des réunions autour d'un même thème : la radicalisation violente. Ils acceptent de rencontrer les journalistes, parfois même de donner leur nom, d'être photographiés… En relatant leur parcours, ils deviennent des acteurs clés de la lutte contre le radicalisme. Ils ravalent leur colère, dépassent la honte, nient la fatigue et le découragement pour faire entendre leur voix.

Leurs profils sont différents, naturellement : il y a des actifs, des inactifs, il y a des célibataires, des divorcés, des hommes et des femmes mariés. Il y a des Bruxellois de toujours, des Françaises citadines ou provinciales. Il y a des fans d'Ibrahim Maalouf ; d'autres sont plus rock que trompette. Il y a des sportifs, des lecteurs, des bons cuisiniers. Aussi des adeptes des surgelés. Il y a des moulins à paroles, des taiseux, des entre-les-deux. Certains sont plutôt « pêches » – tendres, à la confidence facile sous une peau douce et perméable, mais au noyau difficile à atteindre –, et d'autres sont « noix de coco » – à la coquille dure à percer, mais qui se dévoilent sans hésiter une fois la confiance gagnée. Ils sont connectés. Tous ont installé sur leur mobile des applications comme Whatsapp ou Viber.

Il y a ceux qui préfèrent discuter au calme, chez eux, sur leur canapé avec du thé. D'autres optent pour des rencontres à l'extérieur, dans un café. Il y a eu des goûters partagés, des dîners. Des balades. Des sorties au spectacle, des conférences – d'eux ou d'autres. Des films. Des ateliers. Des rencontres. Tous sont plutôt « du matin ». Certains parlent jusqu'à tard dans la nuit. D'autres, après une heure d'entretien, réclament déjà un peu de répit. Il y a eu de longues discussions téléphoniques, des appels manqués, des messages enregistrés, des « rappelle-moi, s'il te plaît ». Ainsi, si leur combat est commun, chaque parent a une histoire qui lui est propre.

Voici ceux qui ont accepté de la partager :
– Samira, la mère de Nora partie de Belgique pour la Syrie en 2013 ;

- Olivier, le père de Sean parti de Belgique pour la Syrie en 2012 et décédé en 2013 ;
- Véronique, la mère de Sammy parti de Belgique pour la Syrie en 2012 ;
- Élodie, la mère de Luc parti de France pour la Syrie en 2014 [ces deux prénoms ont été modifiés] ;
- Christine, la mère de Matthias parti de France pour la Syrie en 2015 [le prénom de son fils a été modifié].

« Je comprends votre douleur », a commenté Claude Moniquet, ancien agent du renseignement français qui participe largement au débat portant sur le radicalisme en Belgique, avant de se reprendre : « Enfin, non, je ne peux pas comprendre… » Il venait d'assurer aux parents que ni leurs enfants ni eux-mêmes ne se verraient accordé le statut de victime. Jamais. Les « Parents concernés » luttent aussi pour changer l'attitude des autorités, les procédures qui entourent le départ, la perte d'un enfant parti pour le djihad, la place de l'État-providence dans la lutte contre le terrorisme.

Ce sont donc de multiples combats que portent et incarnent ces mères et ces pères. Ce livre, c'est leur bataille, leur histoire – même plus que celle de leur enfant. La raison gomme leur détresse ; en témoignant, ces cinq parents se font violence, ouvrent leur cœur, leur jardin secret. La langue française n'a pas de mot pour qualifier un parent qui a perdu son enfant. Parent orphelin ? L'idée est contre nature ; le dictionnaire a préféré passer outre. Mais eux ont décidé de se dévoiler. Parole leur est laissée.

## Samira

> « Dis, quand reviendras-tu,
> Dis, au moins le sais-tu,
> Que tout le temps qui passe,
> Ne se rattrape guère,
> Que tout le temps perdu,
> Ne se rattrape plus. »
> Barbara, *Dis, quand reviendras-tu ?*,
> 1987.

La « pire journée » de la vie de Samira, ce n'est pas ce dimanche de printemps, en 2013, quand sa fille Nora a quitté Schaerbeek pour la Syrie. Incontestablement cette journée a été atroce ; naturellement elle a été hideuse et épouvantable, et Samira ne s'en remettra pas. Mais il y a eu pire. Plus violent, plus terrible. Plus traumatisant pour une femme déjà à bout : la « pire journée » de la vie de Samira a commencé dès l'aube, vraiment très tôt, un matin d'été, en 2013 toujours, quand la police antiterroriste a débarqué chez elle, à la maison. Ce jour-là, Samira a cru son heure venue.

Peu de temps s'était écoulé depuis le départ de Nora, « quelques semaines, tout au plus », Samira ne sait plus très bien. Il était tout juste 5 heures du matin, la mère de famille sortait de la salle de bains, au troisième étage, quand elle a jeté un coup d'œil en bas de la cage d'escalier. Elle venait de réajuster une couverture suspendue à la rambarde, « parce que je suis maniaque et qu'elle n'était pas bien droite ». Un bruit avait peut-être guidé son regard : « Je ne voyais pas grand-chose, dans la nuit, mais c'est comme pour les chats, mes yeux se sont adaptés à l'obscurité. » Et soudain, elle a vu, tout vu. Des hommes étaient là, chez elle, dans sa maison, encore au rez-de-chaussée. Des hommes encagoulés. Samira distinguait les coutures sur leur crâne, d'en haut. Des silhouettes géantes qui grimpaient vers elle. Son sang n'a fait qu'un tour : des combattants syriens venaient pour la supprimer. Elle avait trop parlé – à la police, à la presse. Son raisonnement était clair, net, sans appel. Il était surtout celui d'une mère baignée dans l'infâme réalité du djihadisme depuis le départ de son enfant. « Dans ma tête, ils venaient me faire pareil qu'à James Foley. Ils étaient là pour m'égorger, parce que j'avais trop ouvert ma bouche », explique froidement Samira. En une fraction de seconde, les monstres sombres se tenaient à sa hauteur. « Ils sont montés si vite, comme s'ils avaient volé. » Les exécuteurs étaient là, devant elle.

« Qui êtes-vous ?! » Sa voix, un temps perdue, était revenue. Samira hurlait, lâchait de profonds « haaaaaaa », des cris qu'elle ne se connaissait pas. Encore effrayée, elle raconte la scène d'un trait, parle de son corps, de sa bouche qui ne répondaient plus : « Les flics m'ordonnaient de m'allonger par terre, mais j'en étais incapable. Ils gueulaient "Police, police !" et moi, je répétais ce qu'ils disaient, sans raison, sans comprendre. » Alertée par ce vacarme, Sarah, l'autre fille de Samira, est sortie de sa chambre : « Ils se sont immédiatement jetés sur elle, et l'ont plaquée au sol. » Puis son fils, Yacine, a déboulé dans le couloir : « Il priait à haute voix. Ils l'ont aussi flanqué par terre. Il venait de se faire opérer, il a commencé à vomir. Eux s'en foutaient. » Ilias, plus jeune, plus viril, s'est montré moins docile : « Il a foncé dans le tas, balancé des coups de poing de tous les côtés. » Rapidement, il a lui aussi été maîtrisé, de même que Mohamed, le deuxième mari de Samira. Il a été menotté et cagoulé, « pour qu'il perde tous ses sens ». Le récit de Samira est ardent et compulsif ; elle peine toujours à y croire. Comme si perdre Nora n'était pas suffisant, pas assez violent. Depuis, la mère désemparée se réveille toutes les nuits aux alentours de 5 heures du matin. En sueur le plus souvent.

*

Nora, sa Nora, la Nora de Schaerbeek – cette commune bruxelloise où elle a grandi –, n'était jamais vraiment sortie de l'enfance. En témoigne son cocon – cette chambre toute rose, très « princesse », ornée d'un vaste lit à baldaquin. Nora adorait Hello Kitty. Le chat blanc au nœud rose issu de l'imagination du Japonais Yuko Shimizu ornait sa coque de téléphone, son armoire et son sèche-cheveux. Même son peignoir. « Avoir tout quitté comme ça, c'est ce qui est incroyable », s'appesantit Samira. Sa fille aimait la mode. Elle dévalisait H&M, Jennyfer et toutes ces boutiques de vêtements bon marché – la rue Neuve, l'une des artères les plus commerçantes de Bruxelles, était son royaume, son QG. Elle s'y sentait bien, à chiner, à farfouiller jusqu'à dégoter le bracelet que ses copines allaient envier pendant des semaines, la teinte de vernis à ongles qui lui manquait, les sandales compensées juste à la bonne hauteur. Ses chaussures étaient toujours assorties à son sac à main : « Coquette, coquette, une vraie fille », s'amuse Samira en dévoilant des photos d'une Nora toujours parfaitement coiffée. Son lissage brésilien était des plus réussi, sa frange bien peignée tombait, droite, par-dessus ses sourcils fins, épilés. Impeccable. La Nora de Schaerbeek était belle à croquer, respirait la santé, incarnait une jeunesse qui aimait la vie. « Il ne fallait pas lui dire qu'elle avait tel ou tel défaut physique, sinon tu la blessais vraiment », reconnaît Samira. Elle l'a revue quelques fois, sur Skype : « Elle est si maigre maintenant. Et on dirait qu'elle a 40 ans », frémit la mère abandonnée.

Après le départ de Nora, Samira a transformé la chambre de la jeune fille en véritable sanctuaire. « J'avais collé des photos de Nora partout, avoue Samira, pas très à l'aise. J'avais aussi disposé ses poupées tout autour de la pièce. » Elle se glissait dans le lit de sa fille, sous la couette. Hors de question de changer les draps. Elle interdisait à toute sa famille de toucher à quoi que ce soit dans la chambre. Quand elle en sortait, elle fermait la porte à clé. « J'avais complètement perdu la tête », reconnaît-elle. Elle a fini par recouvrer la raison, et son fils Ilias a pris possession des lieux. Il a effacé toute trace de sa sœur ; ce n'est pas possible de vivre dans les pas d'une absente. Samira a gardé quatre pulls de sa fille. Ils sont trop petits pour elle, mais elle les porte quand même, par exemple sous une robe. Pour garder Nora tout contre elle.

Dans son salon, vêtue d'un survêtement en velours noir – informe mais confortable, très doux –, Samira tient dans ses bras le petit Yannis. En culottes courtes, le bonhomme tête un biberon encore bien rempli, il rote de plaisir, Samira sourit. Yannis est né en septembre 2015. Il n'a pas connu sa grande sœur ; il est venu au monde après son départ. Son sourire, ses gazouillis, son babillage laissent présager à sa mère un caractère « à la Nora ». Samira précise : « Ma fille, à elle seule, c'était comme si tu avais cinquante enfants ! Nora, tu l'entendais dans la maison ; dans le quartier, tout le monde la connaissait. » Les autres « grands » – Sarah (née en 1991), Yacine (né en 1992) et Ilias (né en 1996) – sont plus réservés, plus calmes.

La Nora de Schaerbeek était une jeune femme amoureuse. Sa sœur Sarah était à ses côtés quand leur chemin a croisé celui de Tawfiq [ce prénom a été modifié], le futur mari de Nora. Ensemble, les deux sœurs fréquentaient une salle de sport à Vilvorde, une commune néerlandophone au nord de Bruxelles. Sarah se souvient : « Il y avait un groupe de mecs, ce jour-là, qu'on n'avait jamais vus avant. Ils ont commencé à me taquiner, et puis ils ont repéré ma sœur. Moi, j'étais un vrai garçon manqué ; Nora, tout le contraire. Ils m'ont demandé qui c'était. On a discuté. Et puis, on leur a prêté un survêtement… Il a bien fallu qu'ils nous le rendent, et donc nous nous sommes revus. » Nora et Tawfiq, l'un des garçons du groupe, ont rapidement commencé à se fréquenter.

Samira n'a pas vu Tawfiq très souvent – cinq ou six fois tout au plus. « Chez nous, les Arabes, on a cette mentalité qui fait que nous, les filles, on ne peut pas avoir de petit copain », éclaire Samira. Nora a préféré se confier à sa tante, la sœur de sa mère. Après deux ans d'histoire, quand Nora a demandé à sa mère sa bénédiction pour épouser Tawfiq, Samira a refusé net : « Je ne voulais pas qu'elle se marie avec Tawfiq – paix à son âme. Il était trop "sur elle", il était toujours, toujours… là. » Samira ne parvient pas à décrire précisément ce qui la gênait, mais quelque chose dans cette relation ne tournait pas rond. « Quitte-le », avait-elle conseillé à sa fille. Mais Nora ne l'entendait pas de cette oreille. Elle est allée quémander la précieuse autorisation auprès de son père, un homme qu'elle ne voyait presque jamais. Sa sœur Sarah confirme : « Il nous a abandonnées. » Samira explique : « Lui et moi, nous étions trop jeunes [pour être parents], il m'a laissée avec les enfants. Il a refait sa vie. » Pourtant, quand Nora vient le trouver, il accepte l'union sans sourciller. Sans le savoir, il jette sa fille dans les flammes de l'enfer. Plus tard, Samira aura des mots très durs envers son ex-mari : « Tu es comme les recruteurs. Même à mon chien, je n'aurais pas fait ce que tu as fait. »

Nora et Tawfiq se marient donc religieusement à Vilvorde, sans que Samira en ait vent. Chez elle, à Schaerbeek, dans la file à la boulangerie un matin, une cliente la félicite. Samira pense qu'elle fait fausse route, qu'elle l'a confondue avec une autre : « Tout le monde était au courant… sauf moi. Je déteste ce quartier de merde », explose-t-elle. Nora lui avait pourtant assuré qu'avec Tawfiq, tout était fini. « De toute façon, tu n'entendras plus parler de lui : il est parti », avait-elle conclu. Maintenant, Samira sait exactement ce que voulait dire sa fille : Tawfiq n'était pas parti de la manière dont elle l'imaginait – au sens « Il s'est installé en France, le temps de son stage dans un garage » ou « Il a laissé tomber Nora, c'est encore l'un de ces lâches d'hommes ! »

La réalité était tout autre, et Samira bien loin du compte : Tawfiq était parti, oui. Parti en Syrie. Et la belle Nora n'allait pas tarder à l'y rejoindre.

Or le destin est cruel : deux semaines après les retrouvailles de Nora et de Tawfiq en Syrie, ce dernier perd la vie. Voilà Nora, même pas 20 ans, veuve, seule dans un pays en guerre. Et Samira, tout aussi esseulée, est rongée par les regrets : « Je me suis mal comportée envers Tawfiq. Je vis avec cette culpabilité-là, j'aurais aimé lui demander pardon. Pardon de l'avoir mal jugé. Tout musulman – c'est écrit dans le Coran – ne peut pas rester fâché avec quelqu'un longtemps. » Elle va jusqu'à ajouter : « Quand Tawfiq est mort, c'est comme si mon propre enfant était mort. » Sarah, la grande sœur de Nora, s'interroge : « Tawfiq et sa bande, je ne vois vraiment pas pourquoi ils sont partis. Ils avaient tout ici : une voiture, un job…

Ils s'habillaient bien. Ils n'étaient pas des voyous. Alors, pourquoi ? » À la maison, Nora utilisait un ordinateur offert par Tawfiq. Nora est partie, l'engin est resté, alors Samira l'a récupéré. « J'avais peur de ce PC, confie-t-elle. Une fois, une photo a surgi sur l'écran, sans que je clique sur quelque chose : c'était Nora et Tawfiq. » Elle en rajoute : « Que l'on me croie ou pas, un jour, l'ordinateur a pris feu. Je l'utilisais, et des flammes en sont sorties, d'un coup, sans raison… » Seule certitude : le cœur de Samira brûle.

De la Nora de Schaerbeek à la Nora qui part en Syrie, la métamorphose n'a simplement pas opéré. Kafka n'est pas passé par là ; c'est comme si, sans crier gare, cette brunette souriante, drôle et affable, bravache à ses heures, s'était téléportée à trois mille kilomètres de Bruxelles. Samira lui écrit souvent des lettres, même si elle ne peut pas les lui envoyer. Elles commencent toutes par « Ma fille, ma Nora ». Samira garde une belle image de sa petite Nora, et c'est tant mieux puisque, de toute façon, elle ne sait presque rien de ses nouvelles activités et préoccupations. « Un jour, elle m'a donné quelques détails, en m'expliquant qu'elle vit avec des femmes, qu'on leur dépose beaucoup d'orphelins, restitue Samira. Et qu'il y a des chiens. Nora aime bien les chiens. » En tout, Nora a parlé à sa mère une vingtaine de fois depuis son exil en terre de djihad.

Durant leur toute première conversation à distance, Nora avait lâché la bombe : « Maman, je suis en Syrie. » Tawfiq vivait encore ; il était avec Nora, derrière la webcam. Un deuxième coup de massue avait suivi, directement : « Maman, j'ai beaucoup souffert du secret que j'ai dû garder… » Samira ne savait que craindre : « Qu'est-ce qui peut être pire ? Déjà là, tu es partie en Syrie, tu m'as tuée… » Et Nora d'enchaîner : « Je me suis mariée et c'est papa qui m'y a autorisée. » Aujourd'hui Samira affirme : « Il y a une phrase qui n'a jamais été aussi vraie et c'est celle-ci : on n'est jamais trahi que par sa famille. »

La stratégie de Samira vis-à-vis de sa fille a évolué : dans un premier temps, elle lui posait quantité de questions, et n'obtenait aucune réponse. « Ils ont interdiction de parler, là-bas, commente Samira. Ils vivent comme dans un enclos. Je lui demandais "Ça va ?", elle répondait "Ça bombarde fort…" Et c'était tout. » Nora avait régulièrement une pensée émue pour sa grand-mère et son grand-père, qui lui manquaient beaucoup. Samira la suppliait de rentrer. En retour, elle ne recevait que de l'agressivité – un trait de caractère inexistant chez sa fille, avant. « Les gens là-bas peuvent lui bourrer le crâne autant qu'ils veulent, moi, j'avais cinq minutes pour tenter de la convaincre de revenir », expose Samira. La situation était bloquée. Les « Je ne me tairai pas : ton pays, c'est la Belgique ! » et autres tentatives pour la faire changer d'avis n'avaient aucun effet. Face aux mots de la mère, la fille se retranchait derrière un mur de silence. Alors, dans un second temps, Samira a fait preuve d'humour, comme avant leur séparation, quand tout était prétexte à une « bonne tranche de rire » :

Nora : « J'aimerais bien que tu viennes…
Samira : Non, je peux pas, il faut que je m'occupe des enfants.
Nora : Tu te marieras ici !
Samira : Ça va, trouve-moi un beau barbu, avec des yeux clairs…
Nora : Mais ça, maman, ici, ça n'existe pas ! »

Durant sa première année en Syrie, Nora semblait parfois avoir besoin de réconfort : « Elle me disait : "Fais-moi rire comme avant !", alors je lui parlais de trucs qu'on faisait ensemble, de sottises… », se remémore Samira. Sa hantise est de rater un appel. Cela n'est jamais arrivé. Mais pendant près de neuf mois, d'octobre 2015 à juin 2016, Nora ne lui a pas téléphoné. Quand elle a renoué le contact, leur discussion a laissé un goût amer à Samira : Nora n'était pas seule, mais aux côtés de « deux sœurs musulmanes ». Elles l'ont appelée sur Skype, sans vidéo. Les deux femmes ont fait passer une sorte de test à Samira. Elles lui posaient des questions sur sa pratique de l'islam, lui demandaient par exemple de décrire le déroulé des cinq prières quotidiennes. De bonne grâce, dans l'espoir de pouvoir parler avec Nora, Samira s'est prêtée à l'exercice : deux *rakat*, c'est-à-dire deux cycles de récitation, durant la prière de l'aube, quatre à la mi-journée, quatre de plus pendant la prière de l'après-midi… Samira s'exprimait en arabe, comme les sœurs musulmanes, mais celui du Maghreb diffère de celui de Syrie. Nora faisait office de traductrice. À aucun moment, elle ne s'est éloignée de son rôle ; elle est restée fidèle à la partition et ne s'est pas aventurée à glisser quelques mots en français à sa mère. Quand les deux femmes ont traité Samira de mécréante, Nora traduisait, toujours aussi consciencieusement. Sarah a entendu la conversation surréaliste que tenait sa mère, et n'a pas supporté : elle s'en est mêlée. « Elle a pété les plombs, résume Samira. Sarah leur criait d'aller revoir leur islam, que la religion, ce n'était pas ça. Je ne peux pas lui en vouloir, mais il n'empêche qu'à ce moment-là, ça a raccroché. »

Samira reste franchement perplexe : pourquoi cet appel ? « Leur seul but est-il de me faire du mal ? » s'interroge-t-elle. Si oui, la mission est plutôt réussie : Samira souffre, et le reste de sa famille aussi. Son mari, Mohamed, a parfois du mal à supporter ses sautes d'humeur. Samira l'admet : « Au quotidien, je suis difficile à gérer. » Son ascenseur émotionnel reste souvent coincé au trente-sixième dessous. Alors, elle broie du noir. Plus rien n'a de goût ; les journées sont longues, et toutes les distractions insipides. Et même quand la cabine imaginaire daigne quitter le sol, Samira n'est jamais capable de contrôler l'angoisse qui la ronge : et s'il était arrivé malheur à Nora ? Et si elle ne rentrait pas ? Samira baisse les bras : « Depuis que Nora est partie, je n'arrive même plus à faire un gâteau sans le cramer. Alors qu'avant, je les réussissais bien ! » Nora aussi était excellente pâtissière, la reine des cakes aux pommes et des pancakes.

Si Samira compare cette conversation aux airs de test avec un autre appel qu'elle a reçu en 2013, elle la trouve finalement quasiment inoffensive. Car ce matin-là, on lui annonçait la mort de sa fille, ni plus ni moins. « On m'a téléphoné pour me dire qu'elle était tombée *shahid* [martyre], frémit Samira. J'ai appelé ma petite sœur, je lui disais que je ne voulais plus vivre, que j'allais me suicider. » Ses proches se sont rapidement regroupés chez elle, pour lui apporter tout leur soutien. Dès 10 heures du matin, la maison était remplie. Les souvenirs de Samira sont très flous. Elle a tout oublié. Que lui ont dit ses amis ? Comment ont-ils géré sa peine ? Elle ne s'en souvient pas. Son psychologue lui assure que son cerveau a choisi de se mettre en pause pour compenser la violence du choc. Samira sait bien, par contre, que sa sœur lui a rétorqué d'attendre un peu, avant de mettre fin à ses jours. « Elle sentait que Nora n'était pas morte, convient Samira. Maintenant, on en rigole presque, de cet "Attends un peu !" » En fin de journée, un nouveau coup de téléphone informait Samira qu'il y avait erreur, que Nora était bien vivante. Samira révèle une énième atrocité : « En Syrie, la première chose que l'on demande aux nouveaux arrivants, c'est qui prévenir en cas de décès. »

Avec le recul, Samira se rend compte que sa fille voulait « tout vivre à cent à l'heure » avant de partir. Pour son dix-huitième anniversaire, en 2013, le dernier fêté en Belgique (Nora soufflera ses 23 bougies le 13 février 2017), une grande fête avait été organisée. Toute la famille était réunie. Quand son grand-père et son frère avaient finalement été les seuls représentants du sexe masculin dans la pièce, Nora avait enlevé son *hijab*. En dessous, elle portait une ravissante robe en dentelle qu'elle dévoilait avec fierté. Elle était joliment maquillée ; elle avait dû y passer des heures. Personne ne savait manier l'eye-liner aussi prestement qu'elle. Se farde-t-elle aussi sous sa burqa, là-bas ? Ou a-t-elle complètement renié ces détails qui, un temps, étaient si importants à ses yeux ? Qui faisaient d'elle la magnifique Nora de Schaerbeek, soignée et délicate ? Samira n'en sait rien, à part qu'un *hadith*, une révélation orale du prophète Mahomet, interdit à une femme non mariée de se maquiller. Son trait noir à elle, sur les paupières au ras des cils, est bien incertain. Elle n'a ni la dextérité ni l'aisance de sa fille. En plus, quand elle pleure, il s'efface. Et Samira pleure beaucoup.

\*

*Sharia4Belgium.* Le groupuscule islamiste a volé Nora à sa mère. C'est la police qui l'en a informée. Sur le moment, Samira n'a pas percuté : « Comme une conne, j'ai cru qu'ils me parlaient d'une émission télé ! » Les autorités égrainaient des termes qui ne faisaient aucun sens pour elle, parmi lesquels « Sharia4Belgium » n'était que le début d'une longue liste. « Cette souffrance-là n'a pas de nom, assure la mère de famille encore sous le choc, à tout jamais sous le choc. On ne se réveille pas un matin avec tous, soudain, la même idée en tête : partir en Syrie. Il faut que l'impulsion vienne de quelqu'un. » La Syrie, justement, était très loin de ses préoccupations : « Tant que t'es pas concernée directement, tu passes à autre chose. » Elle l'admet : elle ne savait rien de la situation géopolitique sur place, pouvait tout juste placer le pays sur une carte du monde. La plongée est verticale, brutale ; ce sujet nouveau s'impose à elle avec une violence inouïe. Aujourd'hui, le nom du recruteur Fouad Belkacem n'est que trop familier pour Samira. « Tu fais naître ton gosse, tu le fais grandir, et il balaie ça en quelques mois, s'étrangle-t-elle. Chapeau ! » Nora, quant à elle, maintenait qu'elle se sentait bien à Vilvorde, dans cette commune flamande où elle passait le plus clair de son temps : « Elle avait fait toutes ses études en néerlandais, donc elle voulait côtoyer des gens qui parlaient cette langue. » Samira en est certaine : « Tout s'est passé à Vilvorde. »

Ce « tout » est flou. Autant dans son contenu que dans sa chronologie. Sa mère estime que la radicalisation de Nora a duré « quelques mois ». Elle n'est pas capable d'être plus précise. Samira ne fait pas exception aux autres parents dans son cas : elle non plus n'a rien vu venir. Et Nora faisait probablement tout le nécessaire pour ne pas lui mettre la puce à l'oreille : « Moi-même, j'ai caché des choses à ma mère, se résout Samira. Je sais ce que c'est. » Maintenant que Nora est partie et que Samira tient plus de cartes en main, elle voit d'un autre œil certaines attitudes de sa fille, surtout peu de temps avant son départ : « Nora est partie, et moi, c'est comme si j'étais revenue à moi : j'ai vu différemment beaucoup d'éléments. » Trop tard, malheureusement. Samira accumule les exemples : « Souvent, Nora se postait dans la cuisine et m'observait. Je lui demandais ce qu'il se passait, et elle me répondait : "Rien, j'ai juste envie de te regarder." Elle multipliait aussi les sorties avec sa grande sœur. Elle avait donné à ma nièce beaucoup d'habits et de gadgets. Et puis, elle rendait plus souvent visite à ses grands-parents. » Le père de Samira a laissé s'écouler plusieurs mois avant d'aborder le sujet avec sa fille ; mais il maintient qu'avant que Nora quitte la Belgique, il pressentait déjà les événements à venir parce qu'un jour Nora l'avait embrassé, ainsi que sa grand-mère, très fort. Vraiment très, très fort. Un câlin d'adieu, aux yeux du vieux monsieur.

Toujours dans l'idée de reconstituer en entier le chemin de la radicalisation de sa fille, Samira s'est rendue à Vilvorde pour tenter de comprendre quel drame s'y était joué. « J'ai surtout voulu savoir comment elle avait rencontré son mari », grince Samira, qui a passé beaucoup de temps dans cette commune qu'elle maudit tant. « Je prenais le bus pour y aller. Dès qu'il entrait dans Vilvorde, je me mettais à pleurer toutes les larmes de mon corps », se revoit Samira. Le terminus se trouve près d'un parc où, Samira en est sûre, sa fille et Tawfiq ont dû passer des heures. De tout Bruxelles, Vilvorde est donc l'endroit où Samira redoute le plus de mettre les pieds. Trois pas dans la commune, et ses yeux piquent, son cerveau s'embrume, son ventre se noue, son corps ne répond plus. La preuve selon elle : à deux reprises, elle s'y est cassé la jambe. Or son fils Ilias a suivi sa scolarité à Vilvorde, obligeant plusieurs fois Samira à participer à des réunions sur place, avec les professeurs, ou à répondre à des convocations chez le directeur.

Samira n'a pas trouvé grand-chose de plus concernant Tawfiq. Elle a vu la salle de sport où il a rencontré Nora. Selon elle, le rabatteur, ce n'était de toute façon pas Tawfiq ; Nora et lui se sont fait laver le cerveau, l'un comme l'autre. Elle sait que Nora n'a pas oublié ce garçon. « Elle m'a confié qu'elle en rêvait la nuit, et qu'elle savait qu'il l'attendait, là-bas, au paradis. Elle pleurait, et répétait : "Pourquoi je ne suis plus avec lui ? Pourquoi je ne suis plus avec lui ?" Je pourrais donner ma vie pour le faire revenir », murmure Samira. Elle a vu seulement deux fois les parents de Tawfiq. Après son décès, dans les deux cas. Elle ne cherche pas à les connaître mieux : « Pourquoi se rapprocher des gens seulement dans la souffrance ? »

Samira décrit l'islam dans lequel Nora a été élevée : « Tu respectes les gens. Tu ne juges personne. C'est une religion généreuse et ouverte que j'ai inculquée à ma fille. Même si tu n'as qu'une pomme, tu la coupes en deux. » Qu'a bien pu trouver Nora dans les enseignements rigoristes de Sharia4Belgium ? L'énigme est insoluble pour Samira. La Nora de Schaerbeek n'était pas particulièrement influençable. Petite déjà, elle voulait travailler dans un orphelinat. Elle adorait les enfants : « Pendant les réunions de famille, c'est toujours elle qui s'occupait des petits. » À 14 ou 15 ans, elle chouinait : « Maman, je me sens inutile… » Alors, manipulable ou pas, Nora n'a pas dû être longue à convaincre quand l'idée d'apporter de l'aide humanitaire en Syrie a été évoquée.

Sa mère ne l'a pas empêchée de porter le voile ; Nora l'a adopté vers 16 ans et demi. « C'était son choix, pas le mien, moi la divorcée pas voilée, constate Samira. Moi aussi, à l'adolescence, je l'ai mis, puis enlevé, puis remis, puis à nouveau enlevé… » Par contre, elle mettait sa fille en garde : « Si tu choisis le voile, des portes vont se fermer. » Pour Samira, l'essentiel était de confier à Nora toutes les clés pour se construire une existence en sécurité, avec un emploi stable, sans vivre aux crochets d'un homme. « Sans voile, ce n'est déjà pas évident de trouver du travail, analyse Samira. Alors avec… » Elle ne termine pas sa phrase. Tout est dit. Elle tenait à ce que Nora suive un chemin contraire au sien, elle qui a vécu un temps dans la rue, s'est mariée trop tôt, a connu la dépendance amoureuse. « Je voulais quelque chose de meilleur pour elle que pour moi », résume Samira, pleine de bonnes intentions.

L'histoire de la Nora de Schaerbeek prend fin le dimanche 19 mai 2013. Elle laisse place à la Nora de Rakka. La vie de Samira bascule. Ce matin-là, elle téléphone à sa fille, qui lui explique qu'elle est à Vilvorde, justement. Que le père d'un ami la ramènera en voiture, en fin de journée. Qu'elle ne doit surtout pas s'angoisser. Que tout va bien. Qu'elle n'a « plus de crédit », ni pour appeler, ni pour envoyer des textos. Qu'elle est désolée de lui faire faux bond. Samira n'est pas ravie : « Le dimanche, j'aimais bien l'avoir avec moi ; elle m'aidait pour tout un tas de choses. » La journée passe, Samira s'affaire, n'est pas inquiète. Vers 20 heures, ce n'est pas Nora qui rentre à la maison, mais son frère, Ilias. Samira est assise dans le canapé du salon. Ilias – pas loin de 2 mètres pour 100 kilos – semble soudain si frêle. Il se prend la tête entre les mains. Samira sursaute : « Qu'est-ce qui ne va pas ? » Il essaye de construire son discours. Ses mots sont épars. « Il y a un bruit qui court… », attaque-t-il, et la fin de la phrase reste en suspens. Il ne peut pas dire ce qu'il sait. Ce qu'il croit savoir. Il réessaye : « Il y a un bruit qui court… » Non, il n'y arrive pas ; il tremble. Et finit par lâcher, d'un bloc : « Il y a un bruit qui court à Vilvorde comme quoi Nora est partie en Syrie. » Samira saisit son téléphone, compose le numéro de sa fille. Elle ne veut pas, ne peut pas croire son fils Ilias. Il n'y a plus de tonalité. Elle faisait confiance à Nora. Une confiance totale. Aveugle. Elle prévient la police : « Ils nous envoient chier. » Son monde s'écroule. Samira, sous les décombres, craque : « Ce jour-là, je suis morte. »

*

Et pourtant, il faut vivre. Avec Nora en Syrie. La dépression guette, d'abord, attend Samira au tournant. Puis, sans vraiment prévenir, l'engloutit tout d'un coup. Elle s'en défait à peine. En mars 2014, Samira s'est rendue en Syrie, pour chercher sa fille. Elle explique ses motivations, sans trop en faire : « J'ai su que je devais suivre ses pas. » Elle a prévenu toutes les anciennes connaissances de Nora, par le biais des réseaux sociaux : « À tous ceux qui ont entendu mon histoire, qui pourraient être en contact avec ma fille, dites-lui que je serai en Syrie pendant dix jours. » Et elle s'en est allée, « casquette sur la tête ». Elle sourit à l'évocation de ce détail. Samira ne savait pas très bien ce qu'elle trouverait, aux alentours de Kilis, au sud de la Turquie, mais était guidée par une idée fixe : sauver sa fille. À la frontière, aux portes de la Syrie, les soldats ont refusé de la laisser passer. Par contre, ils avaient une folle envie de se faire photographier à ses côtés. Samira ne comprend toujours pas pourquoi. « Ils n'étaient pas méchants », précise-t-elle. L'aventurière des temps tragiques a ensuite rencontré un homme qui assurait pouvoir la faire entrer sur le territoire syrien. Mais ses kilos en trop, sa montre bling-bling et ses lunettes de soleil massives ont empêché Samira de lui accorder sa confiance. Avant d'atteindre la Syrie, il fallait passer deux frontières turques, puis marcher longtemps, jusqu'à un ultime barrage. Celui qu'elle ne pouvait pas dépasser. Samira a tissé des liens avec des locaux, déplacés à cause de la guerre qui fait rage dans le pays aux mains de Bachar Al-Assad. Elle était soudain des leurs. « Avant, je haïssais les Syriens, avoue Samira. Ils étaient ceux qui m'avaient pris ma fille. Au moins, être sur place m'a permis de gommer tous mes préjugés. »

Les gardes-frontières coupaient court à toutes ses tentatives de traverser. Trop dangereux pour les étrangers. Circulez. Ne voyaient-ils donc pas ce cœur brisé ? « J'ai fait quatre pas en Syrie », résume Samira, la mort dans l'âme. Elle avait écrit une lettre à l'intention de Nora, très personnelle, très tendre, pleine d'amour. Elle a laissé le vent l'emporter. Il soufflait vers la Syrie, elle s'en était bien assurée. Elle lui disait qu'elle n'avait pas su la protéger, qu'elle n'avait pas vu le danger. Qu'elle n'était pas une mère parfaite. Pour tout cela, elle présentait ses excuses. Elle écrivait aussi qu'elle continuerait à se battre pour son retour, jour après jour. Qu'elles reprendraient ensuite leur vie là où elles l'avaient laissée. Que le temps perdu était perdu, qu'il ne faudrait pas chercher à le rattraper. Qu'elle avait mal, qu'elle souffrait. Puis Samira s'est baissée et a ramassé un peu de sable. Elle l'a rapporté en Belgique et l'a offert à l'une de ses amies dont le fils est parti – et décédé – en Syrie. Deux gestes forts, deux symboles, deux métaphores pour tenter de tromper l'abattement, de renouer un lien, même fictif, avec ces cœurs perdus.

Après les attentats de Paris, le 13 novembre 2015, la police est revenue chez Samira : puisque Sarah, son autre fille, a commencé à porter le voile, les autorités ont pris le passeport de la jeune femme. C'est ça aussi, être sœur de djihadiste. Samira a été interrogée – « Ne vous semble-t-il pas étrange que votre fille soit maintenant voilée ? » – et pour les papiers d'identité, elle n'a rien pu dire, rien pu faire. Sarah ne comptait aller nulle part, de toute façon. La jeune femme prépare activement son mariage, avec un Français. Tout est allé très vite : ils se sont rencontrés neuf mois auparavant. Samira essaye d'en profiter, de se réjouir, mais elle peine à troquer ses idées noires contre des perspectives rose dragée. Au moins, elle ne craint pas un seul instant que Sarah suive le même chemin que Nora : « Sarah a tellement souffert du départ de sa sœur. Elle a compris de A à Z comment on peut se faire retourner le cerveau. Elle est consciente des dangers de la radicalisation violente, la condamne, et ne tombera pas là-dedans. »

Après les attentats de Bruxelles, le 22 mars 2016, plusieurs perquisitions ont été menées à Schaerbeek – dont l'une dans la rue où vit Samira. Certains médias désignaient déjà la commune comme la nouvelle Molenbeek. Les kamikazes de Zaventem étaient partis de là pour rejoindre l'aéroport. « Quand j'ai vu les tireurs d'élite, mon sang n'a fait qu'un tour, revit Samira. J'ai caché mon bébé. Et je suis descendue dans la rue. J'ai couru. J'étais en pyjama fuschia, un truc horrible, de Bisounours ! La police a hurlé : "Rentrez chez vous !" Je n'ai pas compris : Quoi ? Je dois rentrer chez moi ? » Samira était persuadée qu'ils étaient là pour elle. Comme quand ils avaient débarqué après le départ de Nora. « Mon mari était furax, continue-t-elle. Il m'a dit que j'étais complètement folle… »

Le moindre changement affecte Samira au plus haut point : la tapisserie du salon – de grandes fleurs blanches sur fond noir – est toute neuve, mais Samira n'a pas supporté de voir disparaître l'ancienne, celle que connaissait Nora. Ses mimiques, ses yeux doux lui manquent beaucoup. Son autre fille, Sarah, tente de la raisonner – c'est le monde à l'envers : « C'est mieux d'avancer que de faire du surplace. » Mais Samira n'en est pas persuadée : « Tant que Nora ne sera pas de retour, je ne pourrai pas bouger. » Elle n'en démord pas : Nora va revenir.

Samira se raccroche à cette idée comme à une ultime bouée de sauvetage au milieu d'une mer déchaînée :

« J'ai mal. J'ai des blessures béantes et on me jette du sel. » Certaines paroles l'atteignent vraiment – pour elle, le raccourci « mère de terroriste » est l'un des plus douloureux. Mais elle continue de raconter son histoire. « Il y a trop de jeunes qui sont partis, expose Samira. Si nous, parents, nous nous taisons, nous laissons les recruteurs gagner. » La souffrance qu'elle endure est innommable, mais elle considère qu'il est de son devoir de tenter d'éviter à d'autres familles de subir le même sort : « Je veux que Nora et que tous ces jeunes ne soient pas partis pour rien. Il ne faut pas qu'ils aient sacrifié leur vie pour du vent. » Samira veut stopper ceux qui, maintenant encore, sont attirés par la Syrie : « Dès que j'entends qu'un jeune est parti, je le vis comme un échec. Un échec personnel. » Sa fille Sarah est plus directe : « Nous, on a fait le deuil. Ça nous a soûlés. » « Nous », c'est le clan, c'est elle, c'est Ilias, c'est Yacine, c'est même le tout petit Yannis. Qu'il ne grandisse pas trop vite. Qu'il reste en dehors de tout cela. Qu'il ne découvre pas les noms d'Al-Baghdadi là-bas, de Fouad Belkacem ou Jean-Louis Denis ici. Que l'organisation État islamique soit évoquée dans ses futurs manuels d'histoire-géographie, mais qu'elle appartienne au passé et ne renaisse jamais de ses cendres.

À sa manière, Samira a renoué avec l'espoir : elle s'est remariée, et puis est arrivé ce petit ange, Yannis, auquel elle ne s'attendait pas du tout. « Je vis parce qu'il faut bien vivre, concède-t-elle. Tout ce que je fais, je le fais avec douleur. » Petit à petit, le mal s'atténue, un peu. Samira n'a plus la gorge qui brûle dès qu'elle avale un bout de pain. Elle peut s'habiller sans avoir l'impression que le tissu, la matière, attaque son corps. « Mais dès que je fais quelque chose d'agréable, comme partir en vacances ou acheter de beaux jouets à mon bébé, j'ai peur qu'on me le fasse payer : j'ai peur que Nora meure. » Ces liens de causalité sont fumeux, irrationnels, et Samira en est tout à fait consciente, mais elle ne peut pas les gommer de son cerveau exténué. Elle s'active sans penser, fait tourner le mobile lumineux du petit dernier au rythme d'une mélodie toute douce qui sonne le passage du marchand de sable. Bébé dort, Samira pleure.

Tout lui rappelle Nora. Tant que sa fille ne sera plus là, Samira ne pourra plus mettre les pieds à Nieuport. Toute la famille louait chaque été une coquette maison dans cette station balnéaire plutôt chic, en Belgique – au bord de la mer du Nord. Nora adorait jouer dans les vagues pendant que sa mère achetait des frites ou une glace au bar de la plage. Plus grande, Nora aimait lézarder sur un transat en lisant des magazines de mode pendant que Samira était occupée à parfaire son bronzage. Elles étaient heureuses. Pendant l'été 2015, deux ans après le départ de Nora, Samira a loué la même maison, et y a emmené son nouveau mari, Mohamed. Elle avait pensé que retourner à Nieuport lui ferait du bien. Elle aimait tant cet endroit, avant, sa longue plage, ses boutiques, ses snacks – trop gras mais délicieux. « Je n'ai vraiment pas supporté. Après un jour sur place, on a abandonné », se lamente Samira. Nieuport est rayée de sa carte, au moins pour l'instant.

De temps en temps, Samira retrouve « des choses » qui lui font plus mal encore. Elle a d'abord découvert deux feuilles de papier, annotées par sa fille : la première avec des horaires, la seconde avec une liste de matériel. Puis, près d'un an et demi après son départ, Samira a mis la main sur la cachette du journal intime de sa fille, par hasard. Il était coincé derrière un tiroir. Elle l'a lu. « Elle parle beaucoup de son papa, elle dit qu'elle est triste sans lui », résume Samira. Avant de partir, Nora avait écrit une lettre à sa mère. Celle-ci n'était pas dissimulée, juste posée dans un meuble de sa chambre d'adolescente. La police l'a emportée après la perquisition. Samira a eu tout le mal du monde à la récupérer : « Je les suppliais de me laisser lire cette lettre, au moins de me la photocopier. Ils se foutaient de ma gueule, comme si ce n'était pas important », s'indigne Samira, destinataire désignée de la missive volée par les autorités.

Que lui écrivait Nora ? Des mots que Samira connaît par cœur, à force de les avoir lus et relus. Maintenant, elle cache la lettre quelque part chez elle, de peur qu'on la lui reprenne.

> « Cette lettre est pour toi maman. Je t'écris cette lettre avec beaucoup d'amour. Elle est pour toi ma maman d'amour que j'aime au nom d'Allah *Azzouajjal* [le Très-Haut]. Je pense fort à vous à chaque moment. Tu as été pour moi une bonne maman. Tu es tout ce que j'ai de plus cher au monde après l'islam. Tu es une maman magnifique, *Mash'Allah* [comme Dieu le veut], et tu le resteras jusqu'au dernier moment. Je te demande pardon pour toutes les disputes. Pardon, si je t'ai fait

mal, pardon. Je t'aime, ma petite maman. Ne sois pas triste. Si je regarde en moi, je me rappelle tout ce que tu as fait pour nous, seule sans papa qui a fait sa vie sans se retourner vers nous. Le temps va, tout s'en va, mais pas l'amour que j'ai pour toi. Tu as été à la fois maman et papa. J'ai mis beaucoup dans ces mots que je n'ai pas su te dire. Tu resteras ma maman pour le meilleur et pour le pire. Tu as toujours tout fait pour nous, pour qu'on puisse avoir de belles choses, de belles baskets à nos pieds. Je resterai toujours ta petite fille, maman. Pour moi, tu es pardonnée de tous les défauts. »

Samira fait une pause dans la lecture. C'est dur. Elle reprend :

« Ce qui est dit est dit, ce qui est fait est fait. J'ai souvent trempé ma plume dans mes larmes. Allah me regarde d'en haut. Tu me regardes d'en bas. Tu essaies d'être une bonne mère. Pour moi, tu es la meilleure qu'Allah ait pu me donner, *Mash'Allah*. Je vais sur le chemin de *Sunna* avec mon mari Tawfiq. Je t'aime en Allah. Je t'aime à la folie mais j'aime Allah avant tout. Je t'aime comme c'est permis. J'ai dit non au *hram* [à l'interdit] et j'avance vers le *Din* [la voie de Dieu]. Je suis fière de toi, je suis fière d'avoir une mère comme toi qui du matin au soir se cassait le dos, courant derrière le bonheur des siens. Je penserai toujours à vous quoi qu'il arrive, maman. Je vais m'occuper de mes frères et sœurs sans parents, là-bas. Je m'occuperai d'eux comme leur propre mère. Maman, tant de nos sœurs se font torturer, violer, tant de nos frères se font tuer. Mes frères et sœurs ont besoin de nous. Je t'aime, ma petite maman, je t'aime de tout mon cœur. Nora – Oumkhattab. »

Cette signature blesse Samira. Oumkhattab… « Non, elle s'appelle Nora ! » s'offusque celle qui, avec son ex-mari, a choisi avec soin ce prénom. Nora lui a un jour expliqué la signification d'Oumkhattab, mais Samira n'a pas bien compris : « Elle m'a dit que c'est le nom de la maman du premier fils qu'elle aura. » Peut-être a-t-elle déjà un bébé maintenant. Samira n'en sait rien. Dépourvue de preuve tangible, Samira l'imagine remariée, et mère. Mais le père de ses enfants aurait dû être Tawfiq. C'était lui, son grand, son seul amour. Et, après un long soupir, Samira déclare, placidement : « Voilà les Roméo et Juliette de 2013 : ils ont oublié que l'un des deux pouvait mourir avant l'autre. » Rideau.

## Lettre de Samira

Ma fille, ma Nora,

Comme toutes les nuits, je suis là sans être là ; mon esprit est avec toi, je repense à notre ancienne vie, quand tu étais encore à mes côtés. Je suis là dans le noir, plongée dans mes pensées. Je suis dans ma chambre, entre quatre murs, c'est le silence complet. Peux-tu seulement l'écouter, ce silence, toi qui vis dans un pays en guerre, où tu t'es retrouvée du jour au lendemain ? Je suis toujours éveillée. Ton image ne me quitte pas. C'est comme ça, ma fille, je ne peux penser à rien d'autre qu'à toi. Dans cet appartement où tu as grandi, les murs sont imprégnés de toi. J'ai l'impression que tu es là. Il reste tant de souvenirs de ta vie ici, de choses qui me rappellent ta présence. J'entends ton rire. Et pourtant, tu n'es plus là. Je ne peux plus te serrer très fort, tout contre moi.

Je te revois enfant, en maternelle. Je repense à ce jour où je suis venue te chercher à l'école. Sur le chemin du retour, tu m'as raconté une drôle d'aventure : ta maîtresse avait disposé des tapis dans toute la classe, et vous aviez dû enlever vos chaussures. J'ai ri, je t'ai dit que c'était bien ! Et le lendemain, en te conduisant à l'école, j'ai discuté de ces tapis avec ta maîtresse, en pensant que cette histoire était bien réelle. Ça a été à son tour de rire : elle m'a dit que ce n'était pas vrai du tout, que cet épisode, tu l'avais sorti tout droit de ton imagination. Tu avais créé ton petit univers, que tu avais voulu partager avec moi... Tu aimais tant raconter des histoires.

Ma Nora, te souviens-tu du chemin que l'on parcourait tous les samedis, pour aller chez ta grand-mère, chez Ima, comme on l'appelle ? Elle souffre de ton absence. J'ai l'impression qu'elle m'en veut de n'avoir rien vu. Moi-même, je ne me pardonne pas d'avoir été aveugle. Tu sais, ma Nora, c'est presque tabou de parler de toi. Ima pleure beaucoup. Elle a peur que tu meures, que tu disparaisses à tout jamais. Elle a peur de ne plus jamais te revoir. Elle pleure devant moi, ça me brise le cœur. Comment soulager sa douleur, quand moi-même je souffre tant de ton absence ? Quand je me bats pour survivre ? Comment font-elles, toutes ces mamans qui ont perdu leur enfant, pour vivre ? Pour survivre ?

Mon cœur est brisé ; chaque partie de mon corps te réclame. Tout me manque : ta voix, ton sourire, ta présence, tes cris. Nos disputes. Nos réconciliations. Ton amour me manque. Je t'aime au-delà de ce que tu peux imaginer. Ma fille, ma Nora, nous sommes les mêmes. Telle mère, telle fille – fortes et fragiles à la fois. Du bébé que tu étais à la femme que tu es devenue et que je n'ai pas pu voir, tout ce temps à tes côtés était simplement merveilleux. Tous ces jours partagés sont réduits à néant parce qu'un jour, ton chemin a croisé celui des recruteurs. Je les hais, je subis ton absence, je subis cette souffrance, ma Nora.

## Parents de djihadiste

Souvent, je me pose cette question : quand tu as fermé la porte de chez toi, de chez nous, pour une cause que l'on t'a mise dans la tête, qu'as-tu ressenti ? Derrière toi, tu as laissé ta vie, ta famille. Ceux qui t'aiment. Tu m'as laissée. Tu as laissé ta sœur, tu as laissé tes frères. As-tu imaginé une seule fois le mal que tu allais nous faire ? Ces « personnes » vous ont tellement bien manipulés, toi et tous les autres. Ils ont fait taire vos sentiments. Vous avez été éblouis par de belles paroles, mais une fois là-bas, en Syrie, je n'ose imaginer quel choc cela a été pour toi. Je me bats pour que cela n'arrive plus, à personne. Trop de jeunes ont sacrifié leur vie pour un combat qu'ils pensaient juste. Je ne t'abandonnerai jamais. Ceux qui vous ont fait ça doivent payer.

Ma fille, ma Nora, nous étions comme les cinq doigts de la main. Je ne vivais que pour vous, mes enfants, pour toi, ma Nora. Personne ne peut séparer ce lien qui s'est créé. Avec toi, il était si spécial. Tu me rendais tellement heureuse. Maintenant je suis si malheureuse. Je suis perdue, désespérée. Je voudrais qu'on redevienne ces cinq doigts de la main, et t'entendre me dire : « Maman ». Je ne suis pas parfaite, je le sais. J'espère avoir été présente pour toi tout au long de ta vie. Avoir été là à chaque instant, à chaque fois que tu avais besoin de moi. De ta naissance à tes 18 ans, tu as été guidée par mon amour, ma Nora, ma fille, ma plus grande fierté. Je crie sans cesse ton nom. J'ai l'impression que mon cœur va sortir de ma poitrine. Qu'il va lâcher. Cet amour ne mourra jamais. Tu me manques à en mourir.

Ta maman

# Olivier

> « *Sometimes I feel like I want to leave*
> *Behind all these memories*
> *And walk through that door*[1]. »
> Dead Can Dance, *Opium*, 2012.

Certaines personnes aiment prendre les arbres dans leurs bras. Serrer leur tronc, fort, fort, fort. Encore plus fort, joue contre écorce. Être en communion avec la nature. Olivier semble être de ceux-là. Il est empreint d'une énergie indescriptible. Un *Peace & Love* un peu démodé pourrait être brodé dans son dos, cela ne choquerait personne. Il le porterait même bien. Olivier est une force tranquille. En lui ne bouillonne aucun volcan, il a su les éteindre, presque tous. Ce n'est pas une apparence qu'il se donne : Olivier est apaisé. Huit années en tant que moine bouddhiste (de ses 29 à ses 37 ans) n'y sont certainement pas étrangères.

---

1. « Parfois je sens que je veux laisser derrière moi tous ces souvenirs et franchir cette porte. »

Il ne fait pas partie de ces faux modestes : quand il fait le bien, ou quand il fait du bien, il le sait. Beaucoup, chez lui, est choisi, maîtrisé, ses gestes et ses mots sont étudiés. C'est qu'il prend du temps pour analyser les gens, leurs attitudes, leurs réactions, et les siennes n'échappent pas à la règle. Alors, à l'issue des premiers débats autour de la radicalisation violente auxquels il a participé, en tant qu'« intervenant », en tant que père d'un enfant parti en Syrie, il a emprunté les rushs du cameraman. Pour pouvoir se regarder, tranquillement chez lui. S'étudier. Se critiquer. Et s'améliorer.

Celui qui connaît son histoire risque d'être tenté de le coincer entre quatre yeux et de le réveiller : « Ton fils est mort. Et tu veux mieux faire ? Vérifier que ton regard n'est pas fuyant ? Que tu te tiens droit ? Mais ce discours que tu trouves le courage de partager est si fort et puissant que tu n'as rien à changer. Rien de rien. » Mais justement, rien n'y fait : Olivier garde le contrôle. Ce n'est pas une coquetterie. Sinon, il troquerait ses amples chemises à carreaux et ses chaussures trop confortables contre du velours côtelé. Cela s'apparente plus à du perfectionnisme, à l'envie de bien faire. Celui qui connaît l'histoire de l'homme ne peut finalement que rendre grâce à sa franchise.

Car son message, Olivier tient à le délivrer convenablement. Toutes ces ondes positives qui l'entourent l'aident beaucoup, il en est persuadé. Chaque matin, sans exception, il médite pendant une heure. L'apitoiement ? Très peu pour lui. Ce qu'il lui faut, c'est la certitude que sa voix porte. Pourtant, il a mis du temps à la trouver. Maintenant qu'il la tient, il ne la lâche plus. Elle lui permet de se faire entendre – sans jamais avoir à hausser le ton. Il n'en serait pas capable, de toute façon. Cette voix lui sert avant tout à empêcher que d'autres enfants suivent le même chemin que celui de Sean.

\*

Sean était le seul fils d'Olivier. Le djihad le lui a volé. Olivier est père, un statut que personne ne peut lui enlever. Sean est né le 11 mars 1988, alors qu'Olivier était en Allemagne, occupé par son service militaire. Dès son retour – Sean était encore bébé –, il a tant bien que mal assuré son rôle de père, mais s'est séparé de Linda, la mère. Avec Sean, au fil de week-ends et de vacances passés ensemble, Olivier a construit une relation qu'il qualifie de « stable ». Un ours et son ourson – les crocs en moins, place aux câlins. Sean a deux demi-sœurs et un demi-frère. Il a gardé les coups de griffe pour eux ; c'est si commun, entre gamins. Quand Sean était petit, Linda vivait avec son deuxième mari, un musulman. Sean et lui s'entendaient plutôt bien, témoigne Olivier. « Il a été le premier contact de Sean avec l'islam, explique Olivier. Mais Sean n'était pas forcé de manger *halal*, encore moins de faire le ramadan ni d'aller à la mosquée. Avant le repas, il récitait des prières avec son beau-père. Avec moi, il continuait à le faire quand on déjeunait ensemble, il était fier de montrer ce qu'il avait appris. » Flory, l'une des deux demi-sœurs de Sean, est née en 1992. Quand

Sean partait en vacances avec son père, Flory aussi était du voyage. Elle considère Olivier comme son propre père. Elle l'appelle « Papa », pas Olivier. Le premier enfant de Flory est né début 2016 : naturellement, Olivier est le « Papi » du petit : « L'arrivée de ce bébé m'a fait énormément de bien. Il me rappelle que la vie continue, malgré tout. »

À l'école, Sean était assez bon élève : « En primaire, donc entre 6 et 12 ans, tout s'est passé normalement. Il est même allé dans un établissement néerlandophone, explique Olivier. En classe de secondaire, au début, tout allait bien, mais ensuite, ses notes se sont dégradées. J'ai essayé de le remettre sur les rails, en l'aidant dans certaines matières, mais il m'a envoyé bouler. » Un jour, Olivier avait acheté deux places pour le concert du groupe de rap français IAM. Sean était rentré avec des notes exécrables. Pour le punir, Olivier avait décrété qu'ils n'iraient pas au spectacle : Akhenaton et ses petits copains ont lâché leur *flow* devant un public bruxellois conquis d'avance, mais un fan de la première heure manquait à l'appel. « Sean m'en a terriblement voulu, se remémore son père. Aujourd'hui, c'est vrai, je regrette. J'ai cru le punir pour son bien. Je me suis puni moi-même en me privant d'un beau moment avec lui. »

À 18 ans, Sean s'est orienté vers des études dans le domaine du tourisme. Il n'est pas allé jusqu'au bout de celles-ci. « Il avait du mal à trouver ce qui lui plaisait, admet Olivier. J'ai essayé de lui dire "N'arrête pas", mais mes mots n'avaient absolument aucun poids. » Sean n'a pas poursuivi dans le tourisme parce que l'avenir qu'il lui prédisait ne correspondait finalement plus à ses attentes : de « beaucoup voyager », sa priorité était passée à « fonder une famille ». Olivier explique : « Il voulait consacrer tout son temps à une femme, se marier. » À Bruxelles, Olivier lui connaissait quelques aventures, mais rien de sérieux : « Il rêvait de la femme idéale. Il ne l'a pas trouvée ici, mais cela aurait pu arriver. »

À défaut, Sean a décroché un petit job, en tant que bagagiste à l'aéroport de Zaventem, en périphérie de la capitale belge, celui-là même qui a été le théâtre d'attentats terroristes revendiqués par l'organisation État islamique le 22 mars 2016. Après ces attaques, qui ont aussi ciblé la station Maelbeek, en plein cœur du quartier européen à Bruxelles, Olivier a rencontré les parents de l'une des trente-deux victimes de ce mardi noir. Leur fille était dans le métro. Un matin comme un autre, sur la route du boulot. « Nous sommes tous victimes, tous reliés à ce problème, éclaire Olivier. Mais eux sont victimes d'une autre manière. Ils sont en dernière ligne, alors que moi, mon fils avait choisi d'aller là-bas. » Olivier s'accorde une pause, lève les yeux et se libère d'un poids : « J'ai toujours une culpabilité en moi, d'être "parent de", et les attentats en ont remis une couche, évidemment. J'ai encore plus envie de dire "Il faut comprendre ce qui pousse au djihad", mais en même temps, il y a un vrai mal-être à penser "Je suis le père d'un djihadiste". »

Quand Sean avait fini de nettoyer les avions qui venaient d'atterrir, et de soulever, trier et transférer les valises passées aux rayons X, il récoltait de la ferraille dans Bruxelles, pour la revendre. Il s'était procuré une camionnette. Sean prêtait aussi main-forte à son père sur certains chantiers de rénovation puisque c'est dans ce domaine qu'Olivier, ancien imprimeur, s'est reconverti après son licenciement. Olivier a un compas dans l'œil, il est très manuel, doté d'un grand sens pratique ; c'est son bagage à lui. Ensemble, ils peignaient ou s'occupaient de la décoration. « J'ai pris Sean avec moi. C'était une façon comme une autre de se retrouver, sourit Olivier, penseur. Parfois, on passait une semaine ensemble. Ça lui faisait un petit gagne-pain et ça lui permettait d'apprendre de nouvelles techniques. » On le lit sur le visage de l'homme : c'était le « bon vieux temps ». Sean lui semblait alors épanoui, ne posait pas de problèmes. Il vivait sa vie, et à aucun moment Olivier n'avait la sensation que Sean, claironnant au volant de sa camionnette, allait droit dans le mur. Et allait l'y entraîner avec lui.

Sean a mis le doigt dans l'engrenage de la radicalisation violente d'une manière surprenante : en s'engageant dans le social. Sean aidait les plus démunis. Le problème, c'était auprès de qui : Jean-Louis Denis, dit Jean-Louis le Soumis. Il est l'un des recruteurs belges aujourd'hui épinglés par la justice. Mais au début de la décennie, nul ne connaissait son visage, pas plus que son nom. Nul ne pouvait se douter de ses intentions. Olivier ne s'est pas méfié. Au contraire. L'idée que Sean prenne part à des « œuvres humanitaires » mettait du baume au cœur du père de famille : selon lui, cela correspondait bien à la personnalité de son fils, toujours le premier à se rendre disponible pour les autres. Jean-Louis Denis avait mis sur pied une association, le Resto du Tawhid, pour distribuer de la nourriture à Bruxelles-Nord, une grande gare de la ville. Entouré de jeunes comme Sean, Jean-Louis Denis savait gagner leur sympathie et leur confiance, pour mieux leur laver le cerveau. La camionnette de Sean servait à transporter les provisions. Les bonnes actions n'étaient que de façade ; les ambitions du prêcheur étaient tout autres. « Ce qui me tue, c'est que je voulais aller voir ce qu'il faisait, ressasse Olivier. Je n'ai pas senti le danger. » À chaque fois, par des concours de circonstances, « Ça ne s'est pas fait ». Mais ce danger, un père candide et non inquiet l'aurait-il réellement décelé ? Aurait-il cerné la personnalité, l'influence, le magnétisme de Jean-Louis Denis ? Olivier veut croire que oui : « Son orgueil, son côté je-sais-tout, ses incantations du type "Dieu est le plus grand" m'auraient alerté », s'entête Olivier, qui souffre de n'avoir pas su démasquer l'incube qui s'est emparé de la chair de sa chair. Et de ne pas avoir su empêcher son départ.

Sean faisait part de certaines de ses idées à son père, auxquelles ce dernier ne savait pas toujours très bien quoi opposer. À propos des Américains, par exemple – « Je lui disais de faire attention aux conceptions générales sur un pays » –, ou des médias – « Sean maintenait qu'ils mentaient tous ; pour moi, ce n'était pas évident de le contredire ». Sean a finalement cessé de regarder la télévision. Pourtant très philosophe et allergique au « tout blanc, tout noir », l'Olivier fataliste surprend : « Effectivement, le monde va mal. Le capitalisme, ce n'est pas une fin en soi. Il n'a pas grand-chose de bon. Oui, le monde va mal », épilogue-t-il. « Que dire face à ça ? » ajoute-t-il, sans préciser s'il s'agit là de son propre examen ou du raisonnement de son enfant. Mais un départ en Syrie n'a jamais été évoqué, cela aurait été trop simple. « Sean a mentionné quelques fois l'aide humanitaire en Turquie… Il en parlait vaguement, démêle Olivier. Je ne l'ai pas pris au sérieux. »

C'est à l'âge de 20 ou 21 ans que Sean est devenu Ibrahim et a adopté la foi musulmane. Son nom a été ajouté au registre de la grande mosquée de Bruxelles, la plus ancienne de la ville. Deux années durant, Sean est resté un musulman modéré. Mais durant la troisième année, tout a basculé. Olivier a perçu des forts changements dans l'attitude de son fils, au fil de l'année qu'a duré, selon son estimation, la radicalisation – qui a abouti au départ de Sean. « Il était devenu très assidu », précise son père, faisant surtout allusion aux prières. Lui et son gamin aimaient dîner dans les restaurants asiatiques bruxellois ; assez vite, le bœuf mariné *loc-lac* ou le poulet à l'ananas ont été remplacés par des dorüms *halal*. Ils allaient régulièrement au cinéma, jusqu'à ce que Sean décrète que la société du divertissement et la culture de masse n'avaient plus rien pour lui plaire. « Plus il était à fond dans la religion, plus il était renfermé. Mais jamais je n'aurais imaginé que cela irait jusque-là », témoigne Olivier. Là, c'est l'atrocité, la guerre, la Syrie, où « Sean n'a pas fait long feu ». Il est mort le 15 mars 2013, dans les environs d'Alep, après quatre mois sur place. Depuis, Olivier survit.

« Quand Sean a quitté la Belgique, j'étais en Espagne, se souvient Olivier. Je me trouvais auprès de ma mère, qui avait un cancer. J'étais inquiet, mais je ne suis pas revenu directement. J'ai mis du temps à percuter que vraiment, on n'avait plus de nouvelles de Sean. » Un numéro de téléphone pour contacter son fils attendait Olivier à son retour à Bruxelles, mais il n'a jamais réussi à le joindre. Par contre, Sean a téléphoné à sa mère, Linda, environ cinq fois. Cinq appels brefs, vides de sens, dénués d'informations, mais qui étaient la preuve qu'au moins il était vivant. Olivier n'a même pas eu le temps de se remettre du départ de Sean que déjà, il apprenait sa mort. Quatre mois et cinq petits coups de fil plus tard.

Après le décès de son fils, Olivier a cru pouvoir trouver du réconfort auprès d'autres parents dans la même situation que lui. Le groupe des « Parents concernés » est né. Partager son vécu, évacuer sa souffrance, essayer de comprendre ensemble : cela a fonctionné, un temps. À un rythme soutenu – une réunion par semaine –, les parents vidaient leur sac, tentaient maladroitement de se tirer vers le haut l'un l'autre, de comprendre ce qui avait pu pousser leurs enfants à quitter la Belgique. Mais à terme, ces rencontres faisaient plus de mal que de bien à Olivier : « Assez vite, ça a été trop pour moi, admet le père endeuillé. Chaque fois qu'un nouveau parent rejoignait le groupe, je replongeais. Il fallait que je raconte mon histoire, encore et encore. Il fallait remuer le couteau dans la plaie, encore et encore, alors que nous essayions tous de reprendre notre souffle. » La douleur était trop vive, la plaie béante. Et la disparition de Sean trop récente. Olivier a alors essayé de retrouver un semblant de sérénité de son côté, auprès des siens, de ses proches.

« Personne ne comprenait pourquoi je ne me mettais pas en arrêt maladie, et voilà, fin de l'histoire », constate Olivier, qui avait pris l'exact parti inverse. Hors de question de se recroqueviller sous la couette et de pleurer du matin au soir. « Je ne me suis pas porté malade, j'ai continué mes petits boulots, et je bricolais, je jardinais beaucoup, indique-t-il. Je ne me suis pas laissé aller à ne rien faire. En fait, ce qui me maintenait debout, c'était de faire quelque chose. » Il ne s'en cache pas : parfois, sécateur à la main, dans le calme de la verdure environnante, les larmes lui piquaient les yeux s'il laissait son esprit divaguer. Mais il savait les ravaler, et vaquer à ses activités. « Le temps passait vite, commente-t-il. Je continuais d'aller au cinéma, moi… » Olivier faisait aussi de nombreux allers-retours entre la Belgique et la France, où il fréquentait le centre bouddhiste de Lille : « C'était bon de déconnecter un peu de Bruxelles. Je me retrouvais avec cette communauté ch'ti hypersympa, à écouter des enseignements bouddhistes qui me faisaient beaucoup de bien. »

Mais sur une bretelle d'autoroute, quelque part au début de cette heure et demie de trajet jusque dans le Nord, Olivier a été pris par surprise. Sournoisement. Il n'a rien pu faire. C'était trop : son autoradio s'est mis à cracher le rap fadasse de Maître Gims, le chouchou des adolescents. Une chanson simplement intitulée *J'me tire*. Printemps 2013, elle cartonne, passe en boucle sur les ondes. C'est le coup de grâce pour Olivier. « Me demande pas pourquoi je suis parti sans motif », scande le chanteur. Il ne fait pas état d'un départ pour la Syrie, mais simplement de la si dure – à ses yeux – vie d'artiste. Peu importe. Pour Olivier, le parallèle est évident : « Je suis parti sans mot dire, sans me dire "Qu'est-ce que je vais devenir"... », voilà des paroles qui pourraient être de Sean. Lui aussi rappait, quand il avait 13 ou 14 ans. Avec ses copains, il avait monté un groupe. Une productrice les avait repérés. « Ils étaient les plus nuls, mais les plus attendrissants, narre Olivier. Ils y croyaient, ils étaient à fond dans leur délire. » Elle leur avait fait enregistrer un *single*. Olivier voudrait bien récupérer le disque. Dans la voiture, les strophes collent à la peau du père. La mélodie est mélancolique au possible, les larmes d'Olivier coulent, il n'arrive pas à les arrêter. Il n'y a personne d'autre dans l'habitacle. Juste Maître Gims et lui. Le paysage file, il pleure tellement, se sent si seul. « Laisse-moi partir loin d'ici. »

*

Trois ans plus tard, Olivier va mieux. Il le maintient : il a tourné une page. Quand exactement, il ne peut pas le dire. Pourquoi et comment non plus. Mais il le sent bien : les blessures font moins mal. À l'instar de la chanson inopinée sur l'autoroute, il l'admet : « Il y a toujours des choses qui me font souffrir. Il y a des déclencheurs.

Soit dès que des gens qui connaissaient Sean me parlent de lui. Soit ce sont des musiques, des chansons, des émissions à la télé… » Comme quand il a assisté à l'avant-première du film *La Route d'Istanbul*, de Rachid Bouchareb (2016). Terrible déclencheur. Ce jour-là, il l'avait un peu cherché : il se doutait bien que le récit de cette mère qui s'en va jusqu'en Syrie pour retrouver sa fille partie faire le djihad ne le laisserait pas de marbre. « Pendant le film, je m'imaginais à la recherche de Sean, dans ce décor, à la frontière entre la Turquie et la Syrie, dévoile Olivier. C'était extrêmement émouvant. Ce sont des choses auxquelles j'ai pensé, quand Sean était là-bas : d'aller sur place, pour voir. »

La séance s'est achevée par un débat avec le réalisateur et les actrices. Olivier a été convaincu par le jeu d'Astrid Whettnall, qui incarne la mère : « Après le film, on s'est pris dans les bras. C'est comme si elle aussi était une "Maman concernée". » Quant à Pauline Burlet, qui joue la jeune fille partie pour la Syrie, elle a expliqué à Olivier qu'elle avait dû apprendre les prières et l'arabe pour son rôle. Et qu'elle avait grand besoin d'un long break, pour sortir de son personnage. Sur la scène, trois mères de jeunes vraiment partis en Syrie ont pris la parole et ont fait part de leur calvaire au public. « Les gens venaient pour le film, et là, ils voyaient des gens réels », commente Olivier. Mais voilà que dans la salle, quelqu'un demande s'il y a aussi des pères. Olivier tressaille. Il n'est pas sûr d'avoir la force de se manifester, tant la projection l'a bouleversé. Mais il faut être fort, il faut que les gens sachent. Alors, à peine porté par ses jambes, il s'est levé et a rejoint le podium. « Quand j'ai pris le micro, j'avais la gorge nouée. J'avais vraiment les larmes, avoue-t-il, un peu gêné. Après, certaines personnes sont venues vers moi et m'ont dit que c'était bien, ce que j'avais dit. Il y avait vraiment de bons retours. Dans ce genre d'occasions là, il y a de l'émotion qui sort. »

De l'émotion qui sort, il y en a aussi beaucoup quand Olivier intervient dans des collèges belges, pour sensibiliser, dès l'adolescence, aux dangers de la radicalisation. « Le plus dur, c'est quand je rencontre des élèves qui connaissaient Sean, ou bien des professeurs qui l'ont eu en classe, admet-il. Ils me parlent de lui comme s'il était encore là. Ils me parlent de mon Sean tel que je le connaissais. » Aussi ébranlé soit-il, Olivier refuse de s'apitoyer, et se reprend rapidement : « Tu sais combien d'élèves on a déjà vu, les autres parents et moi ? » demande-t-il, retrouvant sa superbe. Le compteur est à 2 500, il y a de quoi être fier. Des centaines de grands enfants qui, avant l'été 2016, ont eu le privilège d'entendre l'histoire d'Olivier, avec des objectifs simples : que la radicalisation ne puisse plus jamais prendre par surprise, que l'ignorance ne brise pas une vie de plus.

Olivier prête une oreille très attentive à tous ceux qui suivent ce même dessein, qu'importe leur champ de compétence. Il a une préférence pour les discours simples, organisés, concrets. Les experts qui déconstruisent la radicalisation à grands coups de concepts philosophiques le barbent un peu. L'un de ceux-là était venu présenter sa thèse à Bruxelles, le temps d'une conférence consacrée à la radicalisation violente. Ce dimanche-là, Olivier avait eu tout le mal du monde à se résoudre à quitter son hamac au fond du jardin pour se rendre à cet événement. Mais une fois sur place, il n'a rien regretté : tout du long, Olivier est resté très concentré. D'autres spectateurs ont rapidement cédé à la tentation de surfer quelques instants sur leur smartphone ou, pour les moins connectés, à celle de regarder les mouches voler. Pas Olivier, lui qui s'intéresse à tout et aime confronter les points de vue. À la fin de la prestation de l'expert mi-sociologue mi-philosophe, Olivier a applaudi, mitigé. Pas très fort, pas très longtemps : « Il m'a vite perdu », glisse-t-il. Au contraire, Olivier a été très emballé par l'une des intervenantes suivantes, Corinne Torrekens. Elle est docteur en sciences sociales et politiques à Bruxelles. Parmi ses thèmes de recherches de prédilection : l'islam et la laïcité.

Sur un grand écran blanc, elle présente à l'audience un graphique qui explique les causes de la radicalisation violente. Composé de plusieurs sphères de couleurs différentes, le schéma n'est, à première vue, pas très digeste. Mais la spécialiste prend le temps de l'expliquer, le commenter. Elle fait même part de ses doutes au public : peut-être faudrait-il un cinquième cercle qui matérialiserait les institutions ? Elle distingue plusieurs profils qui peuvent être tentés par la voie du djihad : le « romantique », le « soldat », le « délinquant », le « suiveur ». Ils interagissent avec des facteurs dits micro (comme la personnalité), environnementaux (la trajectoire personnelle), sociaux (l'influence de la famille, des amis…) ou macro (des conflits internationaux aux considérations sur la société). Olivier plisse les yeux, ne veut manquer aucun détail. Quelles bulles ont donc bien pu se chevaucher dans le cas de Sean ? Était-il du genre « romantique » ? Olivier croit que oui. Probablement aussi un peu « suiveur ». « Soldat », certainement pas. Le graphique aide à comprendre les causes qui peuvent faire d'un individu un kamikaze. Sean, lui, était un « simple » djihadiste. À quel facteur était-il donc insensible, le retenant de sauter le pas, d'attacher une bombe à sa taille ? Olivier passe en revue les facteurs micro, en lien avec la personnalité : agressivité, impulsivité, hypersensibilité, quête d'identité… En fait, Sean était juste un jeune, un peu paumé, qui a pensé trouver mieux en Syrie. Olivier explique : « Il faut bien faire la part des choses : mon fils, je ne pense vraiment pas qu'il aurait tué des innocents, qu'il se serait fait péter. Ça, c'est la catégorie des criminels. »

Le père perdu en sait trop peu sur la vie de son fils en Syrie. Il se rend bien compte que laisser ses pensées vagabonder et fantasmer le quotidien de Sean après son départ ne lui réussit pas. Il connaît celui qui pourrait l'aider à y voir plus clair : Montasser AlDe'emeh, même pas 30 ans, un chercheur qui, dans le cadre de la rédaction de sa thèse, est parti sur le territoire contrôlé par l'organisation État islamique. Deux semaines en enfer. Si Montasser AlDe'emeh n'y a vraisemblablement pas croisé Sean, il reste un éminent spécialiste de la zone : « Il sait quels conflits ont eu lieu quand, explique Olivier. Il peut m'aider. » Mais l'aider à quoi ? À refaire le film des terribles événements ? Olivier n'en sait finalement rien, mais il a une certitude : ne pas comprendre rend fou.

Dans le champ des connus, Olivier est en mesure d'affirmer qu'à la fin d'année 2012, Sean n'est pas parti seul, mais avec quatre amis. Ils étaient les premiers djihadistes belges. Parmi eux, il y avait Zakaria – « un gars très discret » – et Sammy – « un gros nounours, sympa, poli ». C'est ce même Sammy qui a annoncé à Olivier la mort de son fils. « Quand on voyait Sammy, Sean n'était jamais loin », résume Olivier pour décrire le lien d'amitié qui unissait les deux rejetons. Olivier avait aidé à retaper l'appartement de Sammy, à Laeken, une commune au nord de Bruxelles qui accueille aussi le célèbre Atomium. Sean lui avait demandé de l'aide. « Il était fier de son père », décrypte Olivier. Sammy, lui, est toujours en Syrie. Toujours en vie.

\*

Olivier a construit une yourte au fond de son jardin, dans la commune bruxelloise d'Uccle, avec un large poêle sous la toile pour lui tenir chaud. C'est son cocon. Car chez lui, dans sa maison, il accueille une famille de Haïtiens, rien de moins. Le cœur sur la main, il a laissé le champ libre à ces nouveaux voisins. Il aime prendre sous son aile son prochain. Olivier n'est pas un séducteur. Il n'est pas « mignon » non plus ; à 46 ans, il a passé l'âge. Il est touchant. Un côté Vincent Lindon qui lui va bien. La sincérité qu'il dégage émeut, indépendamment de son parcours. Ses yeux noisette sont si petits que s'ils en viennent à se remplir de larmes, on les distingue à peine.

Un temps moine bouddhiste, avec les engagements profonds que ce choix implique, Olivier a tourné la page de la vie monastique, mais pas celle de cette religion qui occupe une place importante, voire centrale, dans son existence. « Ce n'est pas à cause du vœu de célibat que j'ai cessé d'être moine, développe-t-il. Dans la vie, à un moment ou à un autre, on se retrouve seul. C'est donc important d'être bien, seul avec soi-même. De ne pas être fragile quand ce jour arrive. Il faut pouvoir être son propre maître, son propre refuge. Et puis, quand on meurt, on meurt seul. » Être moine à Bruxelles ne le tentait pas franchement. Autant la solitude ne l'effraie pas, autant il n'aurait pas aimé vivre en reclus sa vie durant, il le sait. C'est en Espagne et à Sheffield, en Angleterre, qu'il a vécu en communauté, qu'il s'est engagé corps et âme sur la voie de l'éveil ; il avait même pris part à la construction de centres bouddhistes dans les deux pays.

Incollable sur la vie du Bouddha, Olivier est une encyclopédie à lui seul, et peut passer des heures à explorer le thème de la spiritualité, si tant est qu'il perçoive un brin d'intérêt de l'autre côté. Aux profanes, il conseille *Little Buddha*, un film de Bernardo Bertolucci avec Keanu Reeves. C'est un acteur qu'Olivier apprécie beaucoup en règle générale, mais dans ce rôle encore plus. N'est pas Siddhartha, le futur Bouddha, qui veut ; il traduit le courage et la détermination de ce prince qui quitte son royaume quand il comprend que la seule manière d'aider les autres, c'est d'être libéré de soi, d'atteindre un esprit plus grand et plus sage. Olivier, lui-même convaincu par l'importance du partage du savoir, a été réquisitionné pour initier d'autres « Parents concernés » à la méditation, le temps d'un week-end à La Panne, sur la côte belge. Tous savent bien que son calme et sa force lui viennent de là, alors ils sont curieux de s'y essayer à leur tour. Olivier prend sa mission très à cœur, et concocte avec application deux ateliers d'une durée de deux heures chacun pour aider les mères à se recentrer sur elles-mêmes et à accéder au bien-être et à la détente. Du *team-building* digne d'un Google ou d'un Trivago, à une différence capitale près : entre ces adultes-là, le ciment a déjà pris, parfois même trop vite, mélangeant pêle-mêle dans une bétonnière sans fond peine et affection, attachement et affliction.

Les centres d'intérêt d'Olivier ne se limitent pas au bouddhisme et à la méditation ; sa curiosité est sans fin. Il est observateur. Il n'y a aucun sujet, aucun domaine qui, à ses yeux, ne mérite pas son attention. Olivier est très ouvert, une éponge aux oreilles qui traînent ; il se sert, à droite, à gauche, de ce que d'autres ont à lui offrir. Si leurs idées lui plaisent, il les fait siennes. Olivier ne parle pas de sport. Mis à part cela, il se forge un avis sur tout, mais ses analyses font toujours la part belle à l'émotion, au ressenti. Ainsi, à propos d'une question vaste, complexe et technique comme le référendum britannique sur l'avenir du pays au sein de l'Union européenne, Olivier n'a que faire des implications institutionnelles du sujet. Quel article du traité de Lisbonne permet la sortie d'un État de l'Union ? Quelles sont les raisons qui pourraient pousser Londres à conclure un accord de libre-échange avec Bruxelles ? Olivier n'en sait rien, mais il n'est pas sans opinion pour autant. Les résultats du scrutin l'ont déçu. S'il soutenait le maintien du Royaume-Uni dans l'Union, c'était parce qu'il considérait le « Brexit » comme une énorme perte culturelle, un divorce avec un peuple génial. Olivier loue le *British spirit* et la spécificité du Royaume-Uni : « C'est une île, un pays à part. Quand tu vas en Angleterre, il y a cette ambiance que tu ne retrouves nulle part ailleurs, avec une certaine mentalité, une certaine éducation des Anglais. » Physiquement, à cet instant, Olivier est bien là, à Bruxelles, mais son esprit est loin, quelque part au nord de l'Angleterre, où il se sent vraiment bien. Il se rend régulièrement à Ulverston, à la frontière écossaise, dans le Lake District, où un grand festival bouddhiste est organisé chaque année. Il se tient dans un centre de méditation comme ils sont rares en Europe. Olivier y retrouve ses amis – parmi eux, beaucoup de moines qu'il côtoyait à Sheffield –, et pendant quatre jours, ils se nourrissent d'« enseignements », sur le thème de la sagesse notamment. « Là-bas, toutes les conditions sont réunies pour faire des progrès », sourit-il. Et le retour en Belgique est toujours un peu rude.

Olivier fait attention aux gens. Quand il demande « Comment vas-tu ? », il ne formule pas sa question de manière machinale. C'est que vraiment, il veut savoir.

Ce n'est pas l'un de ces « Comment vas-tu ? » échangés par des collègues entre deux portes de bureau ou par un vieux couple blasé, tard le soir en rentrant enfin du travail. Ce n'est pas un « Comment vas-tu ? » protocolaire, auquel la seule réponse possible – et attendue – est positive. Quelque chose dans sa voix enjoint à répondre avec franchise, à ajouter ces nuances sur son état général que d'habitude l'on garde pour soi. Olivier aussi préfère être franc, transparent, et si une phrase, une attitude ou une réaction le chiffonne, il s'exprime. Olivier n'a pas peur de jouer cartes sur table avec les sentiments. Un soir, au cours d'un débat autour de la radicalisation violente, une dame dans le public lui a demandé comment, à son niveau, elle pouvait aider « les jeunes », éviter qu'ils ne cèdent à la tentation du djihad. Elle les comparait à des fleurs qui ne cherchaient qu'à pousser. Olivier a passé la soirée à filer cette métaphore, lui intimant, entre autres, de donner le plus de soleil possible à ces enfants. Il en souriait lui-même : « J'ai l'air d'un grand mélancolique ! » Mais cette image lui plaisait, et la répéter, encore et encore, lui permettait de l'apprivoiser, de se l'approprier. De la faire sienne, de l'embellir et la chérir.

Aider son prochain, rassurer, Olivier sait y faire. Pendant l'une des réunions du groupe de parole des « Parents concernés », deux psychologues étaient venues se présenter, proposant un soutien plus que bienvenu. Pendant une trentaine de minutes, elles ont exposé les bienfaits d'une thérapie. Olivier écoutait, attentif. Puis, d'autorité, il a interrogé les deux femmes : « Comment pouvons-nous être sûrs que la confidentialité sera respectée ? » Olivier n'est pas du genre froussard. La réponse à sa question, dans le fond, lui importait peu. Seulement, il avait lu dans le regard d'une maman néerlandophone, à sa gauche dans le cercle, l'incompréhension, et surtout la peur. « On craint toujours une bourde, surtout pour les parents qui essayent de faire revenir leur enfant », explique-t-il *a posteriori*. Pour cette maman craintive et apeurée, il a posé cette question. Il lui a apporté le brin d'assurance et de sérénité qui lui manquaient.

Mais Olivier fait aussi des choses pour lui. Il a justement fini par se décider à aller consulter l'une de ces psychologues. D'abord très sceptique, il doit bien admettre que ces séances l'aident à avancer : « Ma psy m'aide à faire le point, à me situer, à comprendre où j'en suis, maintenant, éclaircit-il. Je ne pensais pas que cela me ferait autant de bien. C'est une façon de mieux me comprendre dans ce que je traverse, dans ce que je vis. » Certains forains proposent de tirer une ficelle, au bout de laquelle se trouve un lot. Une ficelle à la fois. Olivier, devant un tel bouquet de cordages, donne l'impression de vouloir les choisir toutes, mais certainement pas d'un seul coup. Il sait prendre son temps, et écouter son cœur, ne pas aller à contre-courant du chemin qu'il se dessine chaque matin. Par contre, une fois la ficelle en main, il la tient bien. Au bout du cordeau, depuis quelques mois : les massages psycho-corporels – qui permettent de soulager des blessures physiques et mentales par les mots et le toucher. Cette passion-là, Olivier la vit à fond. Il a appris à masser lentement, en profondeur.

Il fait partie d'un groupe d'un tout autre genre que les « Parents concernés », un rassemblement où son cœur ne saigne pas à chaque fois qu'il s'installe dans le cercle : lui et d'autres passionnés apprennent et s'initient à cette forme de thérapie émotionnelle et spirituelle. Olivier exprime ses blessures et trouve d'autres outils pour les guérir.

Olivier ne cache pas ce qu'il recherche : la sagesse. Pour y parvenir, il multiplie les offrandes au Bouddha. Sa tente mongole, derrière sa maison, constitue son autel. Plié au sol, ce qui a tout l'air d'une grosse couverture est en fait son tapis de prière. Accrochée au mur, une photo représente Guéshé La, moine bouddhiste né au Tibet en 1931, maître à penser incontesté d'Olivier. Et coincée derrière son cadre, une carte postale d'un *stūpa* – sorte de mausolée qui représente l'esprit du Bouddha. Mais pas n'importe lequel : le plus grand d'Europe, en Espagne. Il y a peu de romans dans la yourte d'Olivier, mais des ouvrages de méditation à foison. Olivier lit surtout le soir. Le matin, il n'aime pas se lever tard : « S'il est 9 heures, c'est que j'ai déjà été une grosse, grosse feignasse », sourit-il. Au réveil, il écoute des chansons douces, espagnoles ou portugaises. Un temps, il prenait des cours de samba. Seul ou en couple. Il aime entendre Sade. *Soldier of Love*, son album sorti en 2010, tout particulièrement. « Elle a une voix magnifique, très rythmée, très dansante, admire Olivier. Je l'écoute depuis tout jeune. » Il n'y a pas qu'elle : Agnes Obel, plus moderne, aussi, lui plaît beaucoup. Et Dead Can Dance.

« Souvent, j'offre la musique au Bouddha », explique Olivier sans ciller. Il s'approche d'une statuette dorée, son Bouddha adoré. Devant lui, des ramequins en verre sont soigneusement disposés. Olivier s'agenouille devant sa dînette d'adulte et décrit : « Chaque bol représente un sens. D'abord, il y a l'eau, c'est le nectar. Ensuite, les ablutions, l'eau pour le bain. Trois, les fleurs. Quatre, l'encens. Cinq, les lumières. Six, les parfums. Puis la nourriture, et enfin la musique. » Son Bouddha aime même les cupcakes. Le sucre qui recouvre les pâtisseries devenues offrandes est aussi bleu qu'un Schtroumpf, mais Olivier ne s'en formalise pas : tant que les petits gâteaux ont été préparés avec amour, ils plairont au Bouddha. Olivier lit la vie – la sienne, du moins – par le prisme de la spiritualité. Il sait qu'elle jouait aussi un rôle important pour son fils, depuis le jour où l'un de ses camarades n'a pas survécu à un accident de voiture. « Le déclencheur, ça a été la prière que Sean et ses copains musulmans ont faite, ensemble, pour cet ami mort. Je ne sais pas si dans d'autres circonstances, il se serait mis à l'islam, explique Olivier. La mort lui a fait prendre conscience de la spiritualité. De toutes les méditations, celle sur la mort est la plus profonde. Sean avait besoin de trouver sa propre religion : tout le monde aime trouver sa voie, son style. »

Olivier n'est pas étonné que son fils se soit retrouvé et reconnu dans l'islam : « Ce qui a dû lui plaire, c'est l'esprit de camaraderie inhérent à cette religion, cette forme de solidarité, de discipline. L'islam lui a donné cette stabilité qu'il recherchait. Il avait besoin de structure. Une personne qui se cherche se retrouve dans tout cela. Il est question de "grands piliers", ce n'est pas pour rien. Il lui fallait des repères. » Olivier saute sur ses pieds, fonce vers sa table de chevet, et en sort un exemplaire du Coran offert par son fils : « C'est parce qu'il voulait que je me convertisse, moi aussi. Il y avait aussi un livre sur l'histoire de Mahomet. J'ai failli les cramer, ces bouquins, mais je ne l'ai pas fait. » Olivier a besoin de revoir les cinq piliers. Il lit à haute voix le premier, le deuxième, le troisième, le quatrième – la *zakat*, qu'il agrémente d'un « c'est quoi, ça ? » et d'un long soupir. C'est compliqué quand même. Il tourne la page. Il n'y a pas de numéro cinq. Olivier est perplexe. Et puis, il lève les yeux : « Ah mais oui, c'est un Coran en français, mais écrit de droite à gauche… » Il paraît excédé. Olivier parcourt les différents noms de Dieu, dans l'islam. D'acception commune, il y en a quatre-vingt-dix-neuf : « J'aime bien Al-Akim et Al-Mani – le sage et le protecteur –, car il n'y a que la sagesse qui protège. »

Avec l'islam, Sean était « dans son truc ». Alors qu'il avait pour habitude de partir en vacances en Espagne ou au Maroc, le dernier voyage du jeune homme avant la Syrie a été en direction de La Mecque. Le cinquième pilier, donc. Le *hajj*, le pèlerinage. « En rentrant, il était sur son petit nuage, se souvient Olivier. Je le sentais très loin, beaucoup plus calme, j'ai cru que ce n'était que la fatigue du voyage. En tout cas, il était fier de porter sa djellaba, c'était clair. Il avait l'air content et satisfait, mais je sentais plus de distance entre nous, et sa façon de parler était différente. Comme si, dans son monde à lui, il avait grandi. » Cela remonte à l'été 2012.

À certains moments, Olivier donne l'impression que son corps l'encombre. S'il pouvait uniquement remplir sa fonction d'outil d'expression, cela lui conviendrait bien. « L'important, c'est de passer le bon message », affirme Olivier. Le sien comporte plusieurs facettes. Déjà, il a trait à Sean et aux autres, partis en Syrie. « On n'a pas le droit de juger, mais on doit comprendre, avance-t-il. Il faut voir ces jeunes avec un œil neuf : ce ne sont pas des terroristes qui se sont fait radicaliser. Ce sont des êtres dans une grande souffrance. Ce sont des humains comme nous, qui se sont dit que pour changer les choses, il fallait faire la guerre. De mauvais outils leur ont été donnés. » Il peine toujours à comprendre le cercle vicieux qui lie la haine et la violence.

Ensuite, Olivier s'intéresse à ceux qui pourraient être tentés par le djihad : « Eux, j'ai envie de les comprendre, de les regarder avec amour, d'aller vers eux avec mon cœur et de leur demander ce qui ne va pas. » Enfin, il réclame de la part des hommes politiques, des experts et autres spécialistes du terrorisme un changement de point de vue : « Si on analyse trop intellectuellement la situation, on ne va rien comprendre. Les yeux de l'amour voient plus loin, plus profondément. Dans ce départ, je ne suis pas en cause, rappelle Olivier. C'est la force des choses. Mais il faut voir cela avec un regard plus profond. » Persistance, persévérance, pertinence : tous ces mots ont besoin d'un « per- » pour commencer. D'un père.

\*

Olivier est justement l'un des rares pères à sortir du silence. Il le brise, le terrasse. Pourtant, chaque djihadiste a un père et une mère – alors pourquoi sont-elles majoritaires à parler ? « Pour un père, c'est plus difficile, admet Olivier. Il faut faire face à la honte de ne pas avoir su protéger sa famille. C'est cela : pour un homme, il y a quelque chose qui se casse. » Mais tous, hommes et femmes, partagent les mêmes questionnements : comment auraient-ils pu, eux, parents, éviter ces drames ? Olivier réfléchit : « Si je pouvais revenir en arrière… » Il s'arrête. Il n'a pas l'air d'un *aficionado* des « si ». « À refaire… J'aurais fait autrement, évidemment, poursuit-il. J'aurais fait plus d'efforts pour que Sean trouve une direction qui lui convienne. » Assez vite, il se reprend, comme rattrapé à la fois par la réalité et par sa désaffection des hypothèses : « En réalité, cela aurait été compliqué de m'immiscer dans cette vie familiale qui n'était plus la mienne, où je n'avais plus ma place. » A-t-il failli à l'éducation de son fils ? Probablement. Était-il trop jeune pour avoir un enfant ? Certainement. A-t-il manqué de clairvoyance face à un recruteur aguerri ? Manifestement. « Aider des œuvres humanitaires et se faire radicaliser… soupire Olivier. Se laisser dire que là-bas, l'existence est épanouie, la vie libre, sans contraintes… Même l'exact contraire d'un voyou se laisserait séduire. »

Olivier se tait : « Je ne parle pas tout le temps. Parfois je ne dis rien, faut pas s'étonner. J'aime le silence, aussi. » Dans ce bar de Koekelberg, voisine de Molenbeek, dans la grande Bruxelles, en fond sonore, Renaud chante à sa fille : « Allez viens avec moi j't'embarque dans ma galère, / Dans mon arche y'a d'la place pour tous les marmots. / Avant qu'ce monde devienne un grand cimetière, / Faut profiter un peu du vent qu'on a dans l'dos… » Olivier accompagne la mélodie – « la la la lalala… ». Il finit par dire : « C'est *Lola*, de Renaud. J'aime bien. » Non, c'est pas *Lola*, c'est *Morgane de toi*. Mais qu'est-ce que cela peut faire. Il y a là, attablé devant un thé à la menthe dont il ne reste que les feuilles mouillées, un être seul et meurtri qui, dans toute sa faiblesse, dégage une splendeur inouïe, un homme qui parle d'un fils d'abord égaré puis finalement perdu. Qu'il semble grand, ce père. L'olivier est l'arbre de la sagesse. L'un de ceux que l'on peut prendre dans les bras – le tronc n'est pas très épais. Que ce monde semble nonchalant : il y a un garçon, 15 ans environ, à quelques chaises de là, qui joue au flipper. Insouciant. Il n'a pas idée de ce qui se raconte. Comment saurait-il ? Il n'en a que pour sa dernière bille, et pour les deux clapets qui doivent la propulser, plus vite, plus loin. L'insouciance. Celle d'Olivier a filé avec Sean, avec sa vie. Et pourtant, il sourit.

# Lettre d'Olivier

Chers Amis experts,

Vous êtes partout. Tout le temps. À la télé, dans les journaux. Je dois bien l'admettre : je vous fuis un peu. C'est bien beau, d'expliquer cette « organisation » qu'est Daech, le nombre d'hommes, le nombre d'armes, le nombre de planques, oui, c'est très bien, mais après, qu'est-ce qu'on fait ?

Moi, je ne suis pas expert. Je suis simplement père.

Un père victime.

Qui a perdu son fils.

Qui aime un individu qui pourrait être qualifié de djihadiste, voire de terroriste.

Mais il faut chercher l'essentiel. Et pour moi, l'essentiel, c'est de comprendre le mal-être d'un jeune, de connaître son histoire. Il n'y a pas un cas identique à un autre. Il faut bien faire attention aux amalgames, aux théories toutes faites.

J'invoque une autre forme d'intelligence : l'intelligence du cœur. Quand on a de l'empathie pour un individu, quoi qu'il ait fait, on avance.

De mon côté, j'ai cherché à comprendre avec mon cœur – sans grandes théories – pourquoi mon fils est parti. Je ne vous souhaite pas de voir votre enfant continuer sa vie en Syrie, mais peut-être une telle épreuve permettrait-elle à certains d'entre vous de mieux comprendre la mienne.

J'ai assisté à de multiples conférences, des rencontres où vous étiez là, en masse. Et je me suis rendu compte d'une chose : les discours trop théoriques ennuient le public. Il faut partager quelque chose de vivant, d'humain. Ceux d'entre vous qui l'ont compris savent toucher les gens.

Pourquoi partir ? Pourquoi faire du mal ? Pourquoi choisir une voie extrême pour trouver un remède à la souffrance ? Aux problèmes d'identité ? Une démarche pleine de compassion est nécessaire pour répondre à ces questions. Si l'on agit avec haine et colère, sans comprendre, alors on n'est pas différent des terroristes. On ne fait qu'envenimer la situation. Souvent, votre défaut, c'est de rester trop superficiel, de ne pas explorer la dimension humaine.

Je suis triste de voir que certains individus profitent de ce phénomène pour le profit, pour l'argent. Eux n'aident pas à pacifier la situation. Ils n'éliminent pas la psychose que provoquent les atrocités des terroristes. Au contraire, il faut aller au fond de la compréhension, voir l'individu au plus profond de son existence, de son histoire, de ses faiblesses, et seulement alors disparaîtra la peur.

Sans peur, on peut se lancer plus calmement dans l'analyse. Mieux cerner la source du problème. Ce n'est pas parce qu'on éprouve de l'empathie que l'on passera à côté des solutions : il faut tout mettre en œuvre pour empêcher quelqu'un de commettre l'irréparable.

Dans le cas de Sean, SI (et c'est un grand SI) soudain il était devenu fou, dangereux, prêt à faire du mal, j'aurais été le premier à l'arrêter.
Pour protéger les autres.
Pour le protéger, lui.

Les soi-disant « experts » qui, au lieu d'aider à mieux comprendre, créent plus de mensonges, rendent l'image des terroristes encore plus terrible, plus terrifiante. Ils n'arrangent certainement pas la déradicalisation mais la renforcent. « Déradicalisation », de toute façon, je n'aime pas ce mot.

Pour être un « bon expert », il me semble essentiel d'évoluer dans la dimension humaine.
Il n'y a pas d'expert sans humanité, sans compassion, sans compréhension, sans sagesse.
Sans cela, « expert » est juste un grand mot qui ne veut rien dire.
Un expert devrait aussi maîtriser des notions d'histoire et de religion. C'est presque un islamologue, quelqu'un qui connaît sur le bout des doigts la religion, et qui sait faire la différence entre ce qui est religion et ce qui ne l'est pas.
Pas besoin de belles et grandes phrases philosophiques. Elles n'apportent rien, elles ne servent à rien.

Je suis à l'écoute.
Je suis pour la rencontre humaine.
Je ne suis pas pour la théorie.
Je recherche toujours le contact.

## Céline Schoen

Et si la personne en face de moi est un expert, un politique, un imam, peu importe finalement sa qualité, sa qualification. Si elle poursuit une démarche de compréhension profonde, de dialogue humain, alors une dynamique et une énergie s'installent. Cela aura plus d'impact et de puissance, de résonance, qu'une simple analyse avec son seul cerveau. Car le cœur, voilà le cerveau le plus important.

Mes sincères salutations,

Olivier V. B.

# Véronique

> « *I'll tell you in another life when we both are cats*[1]. »
> Extrait du film *Vanilla Sky*, 2001.

« Névrosée. » Ce diagnostic établi par des journalistes italiens laisse Véronique pantoise. Elle n'était pourtant pas à côté de ses pompes en répondant à leurs questions, qui n'étaient d'ailleurs pas très poussées, pas bien différentes de celles de leurs confrères : Avez-vous des nouvelles de votre fils ? Imaginiez-vous qu'il puisse quitter la Belgique ? N'avez-vous vraiment rien vu venir ? Non, non et non. Qu'importe l'opinion de la Rai, la télévision transalpine, Véronique, elle, connaît sa juste valeur. Bien sûr, elle a des failles : elle a un mal de chien à retenir les prénoms. Elle perd trop souvent sa boule à thé et doit courir en racheter une dans la petite boutique d'à côté. Elle oublie parfois d'éteindre son four. Elle laisse le

---

1. « Je te le dirai dans une autre vie, quand on sera tous les deux des chats. »

linge sale s'entasser. Mais de là à la taxer de névrosée ? Véronique réplique : « N'importe qui dans ma situation aurait eu un coup de mou. »

La voix plaintive de Véronique colle mal avec son discours, si volontaire dès qu'il s'agit de prévenir la radicalisation violente. Parfois, on dirait qu'elle miaule. Elle vit avec sa fille, Nelle, et quatre chats à Saint-Gilles – un quartier de Bruxelles très bobo, « qui monte ». Dans sa maison, les matous serpentent en bons caméléons. L'un d'eux se couche toujours sur les étagères, dans le salon. Le meuble massif, en bois, regorge de livres, de boîtes, de pochettes de toutes les couleurs, de disques, à tel point que le chat semble retenir sa respiration en grimpant de casier en casier, pour ne rien renverser. Il y a des ratés. Sa maîtrsse ramasse régulièrement des babioles au mileu de la pièce. Mais Véronique l'aime particulièrement, ce chenapan. Elle l'a recueilli alors qu'elle travaillait dans un magasin Oxfam à Nivelles, au sud de Bruxelles. Une femme est venue la trouver ; elle n'avait plus les moyens de nourrir l'animal. Véronique a pris le relais. Il ne faut pas le caresser : il mord ceux qu'il ne connaît pas. Véronique, elle, peut à l'envi titiller ses moustaches et flatter son front tacheté sans risquer un coup de dents. Il a bien compris qu'elle était son amie. Tous les chats de Véronique s'appellent Mimi. Parce que « c'est plus pratique », confie leur maîtresse.

Il n'y a pas d'homme à la maison. Plus depuis novembre 2012, quand Sammy est parti à la guerre. Il avait 23 ans. Il a quitté la Belgique pour la Syrie. Il ne se fait d'ailleurs vraisemblablement plus appeler Sammy, mais sa mère ignore la *kounia* qu'il s'est choisie, son pseudonyme, son alias, là-bas. Et Véronique a divorcé du père de Sammy en 2006, trois ans après leur rupture effective. Véronique en est certaine : à Sammy, il a manqué un père.

Quand Véronique et son ex-mari se sont quittés, Sammy est pourtant parti habiter avec ce dernier. Il voyait sa mère de temps en temps, passait chez elle en coup de vent. Véronique lui mitonnait toujours de bons petits plats. Il emportait avec lui des boîtes pleines à ras bord, à réchauffer. Son péché mignon ? Les lasagnes de maman. Sammy dormait parfois sur son canapé vert tout moelleux, dans le salon, quand rien n'allait à la maison, chez son père – et c'était souvent le cas, puisque celui-ci et sa nouvelle épouse ne s'entendaient finalement pas aussi bien que prévu.

Contre Sammy aussi, l'homme exprimait ses griefs, surtout quand son fils, alors adolescent, a annoncé sa conversion à l'islam. Le père de Sammy, un Ivoirien professeur de maintenance informatique, était farouchement opposé à la religion musulmane. « Mon ex-mari a souffert des tensions entre le Nord et le Sud, en Côte d'Ivoire, éclaircit Véronique. Il était totalement contre l'idée que son fils change de confession, surtout pour celle-ci. » Très jeune déjà, Sammy, ce petit « fada » des Tortues Ninja, avait manifesté un certain attrait pour la religion. Mais à 7 ans, haut comme trois pommes, la spiritualité, c'est quoi ? Il avait voulu être baptisé. Véronique n'y a pas vu d'inconvénient : elle l'a inscrit à un cours de catéchisme, puis, à Pâques l'année suivante, l'a emmené à l'église des Saints-Anges de Laeken (au nord de Bruxelles), où Sammy est devenu catholique. « On avait organisé une grande fête, se souvient sa mère. Toute la famille était réunie, on avait passé des heures à tartiner des petits sandwiches ! » Puis, en 2004, à 16 ans, Sammy a choisi la religion musulmane. Le collège qu'il fréquentait alors ne lui convenait plus : l'établissement était catholique. Il a choisi de continuer sa scolarité à l'Athénée royal de Jette. Véronique a connu un grand moment de solitude le jour de son inscription : « La proviseure m'a demandé dans quel cours de religion inscrire mon fils, reconstitue Véronique. J'ai dit catholique, par réflexe. Sammy m'a regardé : "Mais enfin, maman, ma religion, c'est la religion islamique !" J'étais vraiment gênée. Je m'étais trompée. »

Aujourd'hui, Véronique est grand-mère. Deux fois, déjà. Des petits garçons. « C'est dur de les savoir quelque part sur le globe, loin de moi, déplore Véronique qui envie ses frères et sœurs, mués en papis et mamies gâteau. J'ai deux petits-enfants que je ne rencontrerai peut-être jamais. » La mère est syrienne. Elle a neuf ans de moins que Sammy. Véronique n'a aucune photo, ne sait quasiment rien de la nouvelle vie de son fils – cette existence de *moudjahid* qu'il a visiblement désirée, cette destinée de martyr à laquelle, très certainement, il aspire. Véronique essaye souvent d'imaginer son quotidien, mais elle ne sait pas par quel bout commencer : Sammy n'a même jamais voulu lui dire dans quelle ville il se trouve. Elle ne sait pas non plus comment Sammy a rencontré sa femme. « Mon fils voulait se marier, c'était clair, sait Véronique. Mais, il paraît que souvent, les femmes sont des cadeaux de guerre, offerts aux étrangers quand ils arrivent en Syrie. » Au moins, Sammy et son épouse peuvent communiquer : il a appris l'arabe, avant même son départ. « Il suivait des cours, il avait l'air de bien s'en sortir, témoigne Véronique. Chez lui, il avait accroché un poster avec l'alphabet. » Elle ajoute : « À tout malheur chose est bonne : peut-être que connaître l'arabe le sauvera, là-bas. »

À toute chose malheur est bon. Véronique s'emmêle parfois les pinceaux, se laisse déborder, perd patience. La connexion Internet saute régulièrement dans son appartement, mais appeler le serveur – « pour ceci, taper 1, pour cela, taper 2 » – est au-dessus de ses forces. Véronique est intuitive, intransigeante sur certains points. Elle ne laisse pas de place au doute. Par exemple, elle le sait, elle le sent : en Syrie, Sammy ne combat pas. Elle accumule les preuves : il n'aimait pas le sport, il n'était pas violent, il avait du plomb dans la tête, et puis aussi quelques kilos en trop. Une vidéo dans laquelle apparaît son fils – *keffieh* quadrillé autour du visage et arme au poing – a quand même laissé la suspicion et l'incertitude s'immiscer en elle, mais la mère accablée de chagrin les balaie d'un revers de main et rappelle, visiblement ébranlée : « Sammy, c'est mon fils, ma chair. »

\*

Véronique ne pense pas qu'elle reverra Sammy un jour. Ce fils, qu'elle a mis au monde, est si loin maintenant. Elle n'a même plus d'identifiant Skype. Pas grave. De toute façon, il ne lui parlait plus. Rien à voir avec ses premiers mois en Syrie, durant lesquels Sammy avait manifestement besoin de communiquer avec sa mère, même sporadiquement. Parfois, elle recevait des coups de fil tous les deux jours, puis plus rien pendant un mois, puis de nouveau quelques appels, tantôt depuis la Turquie, tantôt depuis la Syrie. « Je traçais sa position grâce aux préfixes téléphoniques », se souvient Véronique. +90 d'un côté de la frontière, +963 de l'autre, plus près du danger. Mais un jour, Sammy a dû choisir son camp. Il s'en est donc allé, définitivement. Il n'est plus jamais revenu sur ses pas. La Syrie, *ad vitam aeternam*.

D'une certaine manière, il avait prévenu Véronique : « Bientôt je ne pourrai plus te parler car c'est trop dangereux. Il y a des gens qui ouvrent leur téléphone et qui sautent. » Ses mots reviennent petit à petit à l'esprit de Véronique, qui les explique par le prisme d'une mère occidentale qui suit la guerre sur petit écran : « Les drones les repèrent comme ça, les djihadistes, avec des capteurs sur les GSM... C'est aussi pour ça que je ne veux pas le harceler. » Et puis, en août 2015, Sammy a mis fin à tout contact. Il a coupé leur téléphone rouge à eux.

Qu'adviendra-t-il ensuite ? De l'autoproclamé État islamique, de la Syrie, de l'Irak ? Des populations locales, des autorités ? Véronique n'en a aucune idée, et n'a pas envie de se lancer dans des scénarios hypothétiques. Mais à Bruxelles, au parc Maximilien, là où tant de demandeurs d'asile se sont regroupés durant l'été 2015, alors que l'Europe devait composer avec des flux migratoires jusqu'alors records, la mère abandonnée ne pouvait que dresser un terrible constat : ceux-là quittent une zone de guerre et de chaos, d'oppression et de violence, tandis que son fils n'a rien trouvé de mieux à faire que d'aller y combattre au nom de son Dieu. « Ce con… », murmure-t-elle.

Comme des trames spéculatives, Véronique se tient éloignée des ragots. Il y a cette femme médecin, à Laeken, qui détient sûrement quelques clés ; son père est imam, et une amie de Véronique a été un peu trop bavarde, lui laissant entendre qu'elle disposait de certains éléments. Mais Véronique n'y croit pas vraiment et ne veut pas perdre son énergie à suivre des pistes qui ne la mèneront de toute façon nulle part. Quand même, elle espère glaner une ou deux informations au commissariat. Or la police ne veut jamais desserrer les dents. Elle se planque derrière l'uniforme.

Véronique est lassée. Et durement marquée par la requête de la Sûreté de l'État (le renseignement belge) d'identifier formellement Sammy sur la vidéo Youtube dans laquelle il apparaît très clairement. À côté de lui, un homme dit, en arabe : « Si Dieu le veut, on va mettre le drapeau de la victoire sur Jérusalem et sur la Maison-Blanche. » Il ajoute, en désignant Sammy : « Si Dieu le veut, ce sera avec cet homme, qui est arrivé en Syrie ; il nous vient de Belgique, il nous montre ce que c'est, un bon musulman. » Véronique préfère oublier. Elle a vu et revu ce clip. Elle n'en peut plus. D'autres vents lui soufflent que Sammy aurait été blessé à la jambe. Rien de grave, semble-t-il. Ceux-là viennent d'Angleterre, où un spécialiste du Moyen-Orient, un universitaire, pense avoir croisé son fils. Véronique n'est jamais certaine qu'ils parlent du même jeune en Syrie. Qu'ils parlent de son Sammy. Parce que des « comme Sammy », il doit y en avoir des tas. Donc Véronique préfère se protéger, en bouchant ses oreilles et en ne se fiant qu'à elle-même.

Son instinct est avant tout de survie. Elle ne veut même plus songer au moment où Sammy est parti. La police estime que tout s'est joué le 28 octobre 2012. Même de cela, Véronique n'est pas certaine, parce que, au moment des faits, elle était en Allemagne. Elle rendait visite à sa tante. Les deux femmes sont très proches. Sammy lui avait dit que ce week-end-là, il irait jouer à la Playstation chez Sean – le fils d'Olivier, le père du deuxième chapitre. Et Sean, sans surprise, avait dit que ce week-end-là, il irait jouer aux jeux vidéo chez Sammy. Quand les parents ont commencé à franchement s'inquiéter, qu'ils ont découvert le pot aux roses, leurs enfants étaient déjà loin. Ils devaient avoir Cologne dans le dos – ils avaient rejoint la ville allemande en voiture, en même pas trois heures. Un saut de puce vers la fourmilière djihadiste. Un copain les y a déposés, puis est rentré tranquillement à Bruxelles. Ils pouvaient aussi être à Istanbul ou dans le bus qui les y menait. Ou peut-être avaient-ils déjà Gaziantep dans le viseur, cette grande ville turque à une cinquantaine de kilomètres seulement de la Syrie. Le neveu de Véronique n'a pas eu de mal à retrouver, dans l'historique de l'ordinateur de sa tante, des recherches de trajet pour rejoindre la

Syrie. Sur Google Maps, on avait cliqué et re-cliqué sur bon nombre de villes en Turquie, surtout celles toutes proches de la frontière turco-syrienne.

« Je n'ai pas attendu avant d'expliquer à ma tante que Sammy était parti », indique Véronique. Elle n'a pas tardé non plus avant d'en informer les autres membres de sa famille. Il lui a aussi fallu annoncer la terrible nouvelle à son ex-mari : il n'a pas été spécialement surpris. « Le jeudi avant son départ, Sammy était passé le voir, reconstitue Véronique. Son papa était sous la douche. Sammy lui a crié : "Je t'ai mis des montres sur la table. À bientôt." Et s'en est allé. Son père avait eu une sensation étrange, il avait trouvé que sa voix sonnait faux. » Véronique a également dû parler à sa fille. « Ton frère est parti en Syrie. » Les mots heurtent Nelle de plein fouet, encore aujourd'hui. « C'est tellement dur pour elle, traduit Véronique. Depuis le début, elle vit très mal le départ de son frère, et le fait de m'avoir vue tellement pleurer n'a pas dû l'aider. »

Mais le plus ardu a été de dévoiler la terrible vérité aux membres du Mouvement chrétien pour la Paix, dont Véronique a lancé la branche bruxelloise il y a près de quarante ans. Pourtant, au sein de ce club pacifiste, elle ne compte que des amis, en qui elle a entière confiance. « Je leur ai caché le départ de Sammy pendant quatre ou cinq mois, avoue Véronique. Au fond de moi, j'étais honteuse. J'avais peur d'être jugée et d'avoir à m'expliquer sur quelque chose que moi-même je ne comprenais pas. » Enfin, elle s'est confiée à son amie, Paula [ce prénom a été modifié], le membre du groupe dont elle se sentait la plus proche : « Je pleurais comme une madeleine, se souvient Véronique. La réaction de Paula a été magnifique, comme celle de tous les autres membres. Ils étaient là pour moi. » Tous partagent l'incompréhension de Véronique, eux qui connaissaient bien le petit Sammy, si attachant et gentil, qui ne lâchait pas les jupes de sa mère durant les rassemblements du mouvement, où elle l'emmenait régulièrement.

\*

Véronique aimerait dormir. Sans un coup de pouce – 12 petits milligrammes de somnifère chaque soir –, elle est incapable de trouver le sommeil. Avant, c'était carrément d'une béquille qu'elle avait besoin : des antidépresseurs – des gros, des forts. Après le départ de Sammy, Véronique a commencé par consulter son généraliste. Elle se souvient : « À partir de 18 heures, je pleurais, pour rien. » Pour rien… Son médecin a vite percuté : ce « rien » qui la faisait craquer méritait bien l'aide d'un psychiatre. D'origine libanaise, le spécialiste a suivi Véronique un long moment, jusqu'en octobre 2015. Puis il est rentré au Moyen-Orient. « J'ai dit non », tonne Véronique. Non à ce départ – on la quittait, encore. Non à la dépendance. Non aux journées dans le brouillard, dans le coltard. Non à toujours plus de médicaments, non à la béquille, qui avait en fait des allures de boulet.

La dernière boîte de six mois était presque vide : « Le sevrage a été terrible. Les effets secondaires étaient ignobles. Ils sont inexplicables. On va mal. L'état général est pitoyable, tremble encore Véronique. À ce moment-là, je me suis mise à la place de mes handicapés. Ils devaient en voir de toutes les couleurs avec le psychiatre qui passait de l'un à l'autre sans leur prêter grande attention. » Car Véronique, aujourd'hui retraitée, est éducatrice spécialisée de métier. Elle a œuvré dans la protection de la jeunesse pendant douze ans, puis dans un centre pour adultes arriérés mentaux profonds. C'est à eux qu'elle pense en maudissant les psychotropes. Véronique a également été professeur d'alphabétisation, de 2003 à 2015. Parfois, à midi, elle déjeunait avec son fils – bulle d'air bienvenue avant de retourner travailler. Dans sa classe, le départ de Sammy était un peu tabou : « Mes élèves, tous des adultes, étaient au courant, mais ils ont mis du temps à m'en parler. »

Si elle ne peut pas dormir, Véronique aimerait au moins se reposer : « Je suis une vieille dame. J'ai travaillé pendant quarante ans dans le handicap, je suis fatiguée. Ça, parfois, les gens ne le comprennent pas », regrette-t-elle. Elle imaginait sa retraite autrement : « Je pensais que je pourrais enfin me reposer, être au calme. Je rêvais d'une croisière. Je me voyais sur un transat, avec des tas de bouquins. » Véronique adore lire. Les polars d'Agatha Christie surtout. Elle a dévoré toutes les rocambolesques aventures d'Hercule Poirot, sûrement le personnage le plus célèbre de la romancière. Mais Véronique peine parfois à se concentrer. Elle veut tordre le cou à l'anxiété qui la ronge : « Tant qu'il y aura la guerre, je ne pourrai pas être tranquille un instant. » Selon elle, le conflit en Syrie est « ambigu », la clé de la résolution se prénomme

Bachar et les parallèles avec la Tchétchénie sont évidents. « Alep va devenir une mégapole comme Grozny, avec tous les dissidents enterrés sous les buildings », prédit-elle. Savoir Sammy en danger lui glace le sang et l'empêche de fermer l'œil : « J'espère au moins qu'il aura dans l'idée qu'il est adulte, qu'il doit être responsable. Il a des gosses, il doit faire attention à lui. »

À chaque attentat, Véronique prend peur. Au choc de la violence, commun à tous, vient pour elle s'ajouter une dimension encore plus effroyable : et si c'était Sammy qui était revenu, métamorphosé en kamikaze sanguinaire, en tueur haineux, en barbare furieux ? « J'ai peur pendant trente secondes, pas plus. Parce que je sais que ce n'est pas possible. Lui n'est pas parti en étant attiré par la violence. Il veut vivre son djihad. Mais je ne peux pas le jurer, puisque je ne suis pas sur place », concède-t-elle. Les attentats de Bruxelles l'ont traumatisée, mais pas autant que le 11 novembre parisien : « En France, c'était plus tragique encore. Les gens ont été touchés encore plus dans leur quotidien, encore plus dans le réel. Enfin, à Maelbeek, c'est pareil ; les victimes partaient travailler. Mais à Paris… Ces personnes-là voulaient juste boire un pot avec des copains ou voir un concert. » Elle fait une pause, ce n'est pas facile de hiérarchiser l'horreur : « En fait, à Paris, je crois que le mode opératoire était encore plus choquant. Et à Bruxelles, nous étions peut-être préparés, vu qu'on avait eu Paris. » Véronique sait aussi être directe : « J'entends des mères d'enfants morts en Syrie dire : "Ouf, au moins, ce ne sera jamais le mien qui perpétrera des attentats." Mais pourquoi dire ça ? Est-ce qu'elles n'avaient pas confiance en leur enfant ? » Elle fait confiance à Sammy. « Les mauvaises langues diront que tous sont des criminels, car ils sont tous obligés de tuer, de couper des têtes. Je n'y crois pas, objecte-t-elle. J'ai la conviction que, la hache à la main, Sammy penserait à moi. On ne peut donc pas perdre tout son savoir-vivre. » Elle marque à nouveau un silence, et reprend, soudain moins sûre d'elle : « À moins que ce soit cela, la radicalisation, la manipulation ? L'État islamique est une machine à fabriquer des monstres. Mais je ne peux pas croire que la transformation fonctionne à chaque fois. »

Plus que des attaques qui frappent l'Occident, Véronique s'inquiète de celles commises au Moyen-Orient. À Damas, la capitale syrienne, les attentats se multiplient : soixante personnes en janvier, cent vingt en février, vingt en juin y ont péri, souvent dans des attentats à la voiture piégée. Le mausolée chiite de Sayeda Zeinab, qui abrite la tombe d'une des petites-filles du prophète Mahomet, est régulièrement pris pour cible. Homs, la troisième agglomération du pays, n'est pas épargnée non plus. « Quand je regarde des photos de la ville, je n'en crois pas mes yeux, bégaye Véronique. Comment ont-ils pu désosser toutes ces maisons ? Je ne comprends pas pourquoi c'est vide comme ça. » La loi du mort kilométrique, selon laquelle les médias accordent plus d'importance à une information géographiquement proche du lecteur, hérisse le poil de Véronique. Elle veut savoir tout ce qui se passe en Syrie : « Si je n'y connaissais personne, peut-être que ces informations m'intéresseraient moins. Mais dans mon cas, il y a quelqu'un de ma famille là-bas, quelqu'un de vivant pour qui je m'inquiète constamment. »

Véronique a pensé à partir en Syrie, pour tenter de raisonner son fils. Surtout quand ce dernier lui parlait encore, et lui expliquait qu'à condition de payer un impôt, les chrétiens étaient acceptés, là où il se trouvait. « J'ai été tentée, admet-elle. Mais, et ma fille, Nelle ? Elle a besoin de moi. Je suis incapable de partir comme un voleur. Et pour me retrouver où ? Il y avait trop de questions angoissantes. » Sans parler des frappes de la coalition internationale : « Je n'allais donc pas me rendre dans un pays où je risquais de sauter à chaque instant », soliloque Véronique. Maintenant, elle ne se pose plus ces questions ; sa place est en Belgique, auprès de sa fille, à mener son combat en luttant corps et âme contre la radicalisation violente.

Si Véronique ne trouve pas le temps de souffler, c'est aussi parce qu'elle trompe l'inquiétude avec toutes sortes de passe-temps et de sorties. Il y a la musique : elle aime Bach, Schubert et ses *Lieder*, le contre-ténor Philippe Jaroussky, mais elle n'est « pas très Mozart ». Fièrement, elle enjoint : « Viens voir ma discothèque ! » Il y a la télévision, qui la sort un peu de sa réalité : *L'Incroyable Famille Kardashian*, c'est son plaisir coupable. Et c'est encore meilleur en dégustant des baklavas trop sucrés – ces pâtisseries au miel – sur le canapé (le vert, le tout moelleux où se réfugiait Sammy). Elle regarde de vieux épisodes de 2009, de 2010, de 2011. Puis elle ouvre *Closer*, et compare leur look à l'époque et leur allure aujourd'hui, s'arrête sur les lèvres botoxées et les shorts trop courts. Une aubaine que Kim et ses sœurs se retrouvent quasiment chaque semaine dans ces pages en papier glacé. « Ils ont du pognon, mais on sent qu'ils ne sont pas vraiment heureux, analyse Véronique. Il y a un problème dans cette famille. » Elle se sent moins seule.

Il y a aussi le Scrabble sur Internet. « Une partie dure une heure, commente Véronique. C'est parfait quand je ne sais pas quoi faire le soir et que je n'ai pas envie d'aller au lit. » C'est le seul jeu en ligne auquel elle s'adonne. Elle dispute des manches avec des inconnus francophones. En marge du plateau, une zone de discussion permet d'échanger quelques mots avec son adversaire du moment : « Un mec m'a écrit une fois : "Bonjour du Nord !", ce à quoi j'ai répondu : "Bonjour de Bruxelles !" Il a rétorqué que ça n'avait pas l'air d'aller chez nous, qu'il y avait beaucoup de problèmes. Je lui ai cloué le bec en soulignant que dans ma commune, je n'avais pas eu vent d'un seul tracas. » Il ne savait pas à qui il avait affaire. Quant à elle, elle ne sait plus qui a gagné cette partie. Véronique joue également au Scrabble avec ses amies, dans la vraie vie. Son entraînement numérique est redoutable : « L'autre soir, j'ai posé "SAR". Mes copines m'ont rabrouée, parce que les abréviations ne comptent pas. Elles pensaient à SAR – Son Altesse Royale. Mais en fait, un sar, c'est un animal, ou une plante, je ne sais plus trop. En tout cas, c'est un mot ! » Bingo : un sar est un poisson qui vit dans la mer Méditerranée. « Je ne me laisse pas abattre, je ne me morfonds pas, souligne Véronique. Je continue mes activités, même avec la boule au ventre. » Avec une dizaine de copines, toutes rencontrées au sein du réseau d'échanges et de savoir Babel Rès, à quelques rues de chez elle, Véronique aime, selon les jours, les humeurs, aller au cinéma, jouer à des jeux de société ou simplement bavarder. En leur compagnie, elle évoque rarement Sammy : « Je vois ce groupe comme un exutoire. J'essaye de ne pas montrer ma tristesse. Je me dis que je ne suis pas la seule à avoir des problèmes. »

Mais bien souvent les activités de Véronique sont en lien avec l'épreuve qu'elle traverse. Sur les grandes pages de son agenda, que Géraldine, une autre Maman concernée, lui a offert, elle devrait avoir assez de place pour inscrire tous ses rendez-vous. Et pourtant, des lignes lui manquent. Comme les autres parents, elle multiplie les rencontres dans les écoles, les débats dans les bibliothèques, les conférences dans les mairies. Ses semaines se suivent et ne se ressemblent pas. Elle accepte de mettre au profit des autres ses matinées, ses après-midi, même ses soirées. Elle aime le contact humain, l'échange d'expériences. Début 2016, une rencontre dans une IPPJ [Institution publique de protection à la jeunesse] était un peu particulière : « Les encadrants redoutaient la radicalisation d'un des gosses du centre. J'ai parlé à tous, mais je savais très bien pour qui j'étais là. » À la même période, elle a eu des contacts avec une jeune femme, partie en Syrie avec son mari et leur bébé. Après s'être rendu compte de l'erreur qu'elle avait commise en partant, elle a pu rentrer en Belgique, avec l'enfant. Et Véronique apprécie particulièrement de participer à des événements avec Olivier (le père du deuxième chapitre) ; elle trouve qu'ils sont complémentaires, tous les deux. « Pendant une journée de conférences sponsorisée par le Conseil de l'Europe, nous nous sommes installés à la table ronde sans dire qui nous étions, s'amuse Véronique. Pendant le tour de présentation, les autres intervenants sont tombés de leur chaise quand on a expliqué que nos enfants étaient partis en Syrie. Parce que, en fait, il n'y avait que des experts et des spécialistes dans la salle… Ils avaient un peu oublié le côté purement humain du phénomène. Ils nous ont témoigné énormément d'empathie. » Véronique et Olivier partagent leur peine – pour mieux la surmonter. Ils se pansent l'un l'autre. Tant pis si ce verbe n'est pas pronominal, leur calvaire non plus n'a rien de normal.

\*

Véronique accorde également du temps et de l'attention aux journalistes. Hormis l'expérience italienne qui ne passe pas, les médias ont été utiles aux « Parents concernés ». D'abord sous la forme d'un groupe de parole, puis sous celle, plus formelle, d'une association, les « Parents concernés » ont pris de plus en plus d'importance dans le paysage médiatique. Le groupe est né sous l'impulsion de Véronique et d'Olivier. Même si leurs enfants, Sammy et Sean, étaient très proches, eux ne s'étaient jamais rencontrés. Pas avant le drame. Véronique et Olivier ont fait connaissance dans des circonstances atroces, au moment de la veillée en mémoire de Sean, l'enfant d'Olivier, le meilleur ami de Sammy.

Véronique et Olivier ne se connaissaient pas, mais se sont reconnus : mêmes visages tirés, même angoisse qui ronge, qui déforme les traits, qui éclaircit les cheveux. Ils ont connu la même inquiétude au moment du départ de leur fils, la même stupéfaction au moment où ils ont compris ce qui s'était joué sous leurs yeux aveugles, et la même solitude, soudain privés de leur progéniture. Olivier a passé une étape supérieure dans l'horreur, quand Sammy, depuis la Syrie, lui a annoncé la mort de Sean. Alors, plutôt que de rester terrés dans la douleur provoquée par l'absence et le deuil, Véronique et Olivier ont regroupé leurs dernières forces et sont montés au front, à leur tour, en donnant vie et corps au groupe des « Parents concernés ». Ils se doutaient bien qu'ils n'étaient pas les seuls dans cette situation. Véronique a dégoté une nouvelle bible, une brochure qui explique comment créer un groupe d'entraide. Pas à pas, elle l'a mis sur les rails. Et rapidement, d'autres parents sont montés dans le train.

Sur les ondes, sur les écrans ou sur doubles-pages, les gratte-papier et autres présentateurs télé ont fait connaître les « Parents concernés ». Ils ont offert à leur combat un écho bienvenu, et ont permis à toujours plus de parents, qui se pensaient seuls, de trouver une oreille attentive – celle de mères et de pères dans la même souffrance. Une bouffée d'oxygène quand l'affliction leur maintenait la tête sous l'eau. Véronique refuse seulement de les laisser publier des photos de Sammy ; la plupart des autres parents cèdent de belles images à la presse. « Qu'est-ce que ça peut leur faire ? lance Véronique.

Leurs enfants sont morts. » Elle ne veut pas que, dans l'hypothèse d'un retour, Sammy puisse être identifié. Qui sait, il pourrait vouloir reprendre une vie normale. Dans son salon, Véronique conserve toute une pile de photos de vacances de Sammy et de son ami Sean. Ils étaient au Maroc, à Tanger. Les clichés les montrent tout sourire, flottant dans leur djellaba couleur sable. Ils ont déjà l'index levé vers le ciel, ce symbole de l'unicité d'Allah largement récupéré par les mouvances islamistes. « Oui, déjà à l'époque… », déplore Véronique.

Elle repense à une interview avec une télé américaine, à ce reporter, « pas laid du tout », et à ses questions « fouillées, recherchées ». Une belle rencontre. Mais Véronique ne sait pas ce qu'est devenu le reportage. Elle a perdu la trace de son image. Dommage. Elle trouve certains reporters un peu cavaliers : « J'étais chez moi en compagnie d'un brocanteur pour voir comment me débarrasser d'un vieux congélateur. Un journaliste a sonné à ma porte. J'ai ouvert, mais ai expliqué que je ne donnais pas d'interview sans rendez-vous. Il a insisté. Le brocanteur a fini par s'en mêler, persuadé que le cameraman qui l'accompagnait était en train de filmer. Il l'a houspillé : «Maintenant vous m'éteignez ça ! Et ne vous avisez pas d'utiliser ces images, je regarderai les infos ce soir !» Je ne sais pas comment ils avaient eu mon adresse… » Véronique se méfie : « Dans l'affect, on peut tout vous faire dire. La vérité et son contraire. Est-ce que je me suis sentie manipulée ? Oui, peut-être, mais pas trop souvent », explique-t-elle. Elle répond à ses propres questions. « Par contre, je ressors souvent d'un entretien en me disant: "Véro, qu'est-ce que tu as raconté là ?!" et pas forcément très contente. » Mais globalement, elle l'admet : « Les médias, on ne peut pas vivre sans eux. » Merci seulement de ne pas la qualifier de « mère de terroriste ».

Véronique n'a quasiment plus le temps de se livrer à une occupation qu'elle apprécie par-dessus tout : aller aux Abattoirs. L'idée surprend, mais aux Abattoirs d'Anderlecht (encore une autre commune bruxelloise, comme Saint-Gilles ou Laeken), il n'est question ni de carcasses ni d'inspections. L'endroit n'est autre qu'un grand marché couvert, où Véronique aime faire ses courses, avec sa jumelle, Charlotte. « Il faut s'accrocher, c'est une vraie foire d'empoigne », sourit Véronique, qui se sent bien dans cette atmosphère bouillonnante. Si elle la voit un peu moins qu'auparavant, Véronique essaye quand même d'appeler sa sœur régulièrement. Avant « les événements » – comprendre, en « langage Véronique », le départ de Sammy –, elles se parlaient deux, voire trois fois par jour. Maintenant, Véronique a un peu moins de temps. Quand elles étaient petites, la « bonne » qui s'occupait d'elles avait bien essayé de les obliger à dormir dans deux chambres séparées : les deux princesses n'en avaient fait qu'à leur tête, se retrouvant la nuit pour rêver côte à côte de fontaines de chocolat et de poneys volants, jusqu'à l'aube.

Véronique parle-t-elle de Sammy à Charlotte ? « Je ne veux pas l'embêter avec ça », explique-t-elle, pudiquement. Dans son salon, un dessin au mur, sous verre, montre deux femmes, côte à côte toujours. Elles se tiennent la main. Elles ont la même taille, les mêmes traits, les mêmes vêtements, les mêmes jambes fil de fer. L'œuvre a un titre : « Maman et Charllotte » – avec deux *l*, faute enfantine, attendrissante. Elle est signée, en lettres attachées rouges : « Sammy ». Si elle déménage (ce qu'elle espère, vers la campagne), Véronique emportera ce tableau avec elle, quoi qu'il arrive : « C'est l'un des rares souvenirs qu'il me reste de Sammy. » Charlotte suit l'actualité de plus près encore que Véronique. La première prend toujours le temps de concocter une revue de presse bien ficelée, par téléphone, à sa sœur chérie. La seconde l'en remercie, réellement, chaleureusement, même si parfois, la ligne éditoriale de sa jumelle la chiffonne : « Elle est assez pro-américaine, elle a une façon bien à elle d'analyser les choses. » Qu'importe, grâce à Charlotte, Véronique y voit un peu plus clair dans ce bourbier infini nommé Syrie.

Bien qu'étalée sur une dizaine d'années, la radicalisation de Sammy n'est pas passée inaperçue aux yeux de Charlotte. Pas plus qu'à ceux des autres membres de la famille. Les deux jumelles ont cinq frères et sœurs. Leur mère avait instauré une règle simple pour maintenir cette grande fratrie unie : on fêterait tous les anniversaires, sans exception, mais de manière groupée – sinon tous les week-ends allaient y passer. Ainsi, on soufflait les bougies des natifs de janvier, de février et de mars le temps d'un dimanche d'hiver, on gâtait ceux d'avril, de mai et de juin au cours d'une soirée de printemps et on mettait à l'honneur les enfants de l'été autour d'un grand pique-nique ensoleillé. De quoi donner à la famille des airs de tribu inséparable.

Sammy n'avait bientôt plus voulu se joindre aux festivités, invoquant une nourriture non *halal*. « Grand-maman cuisinera du saumon, essayait de le convaincre Véronique. Ou tu mangeras les légumes ! » Sammy restait aux abonnés absents, ne jurait que par ses ramadans. Après quelques années, il a commencé à porter une djellaba, d'abord rentrée dans le pantalon, puis au-dessus. Il se distanciait de sa famille, devenue à ses yeux, au fil du temps, une horde de mécréants. « Moi aussi, il m'a traitée de *kafir* [mécréante], soupire Véronique. Parce que je ne voulais pas devenir musulmane. » Pourtant, contre toute attente, Véronique n'a pas évacué immédiatement l'hypothèse d'une conversion. Elle a pris sérieusement la question en considération. Mais elle pouvait tourner le problème dans tous les sens, sa conclusion restait la même : non, trop c'est trop, il lui en demandait trop, beaucoup trop.

Pour comprendre pourquoi elle n'a pas sauté le pas, il faut remonter à l'adolescence de Véronique. À l'âge de 15 ans, elle avait réclamé d'être envoyée en internat : « Dans une famille nombreuse comme la mienne, on n'a jamais la paix. Et on s'amusait un peu trop, avec ma jumelle. » Il s'agissait d'un pensionnat catholique : « J'y ai lu l'Ancien Testament, les Évangiles, tous les bouquins de prière possibles et imaginables », énumère Véronique, avant de résumer : « Je suis bien trop catho pour devenir musulmane. » Elle montre aussi un grand respect pour son milieu familial, que, plus jeune, elle craignait un peu : « Ma conversion ne serait jamais passée, s'exclame cette femme convaincue par sa foi. Mes parents m'auraient dit : "Notre fille, tu es sous influence !" »

Durant les premiers mois de Sammy en Syrie, quand il parlait encore à sa mère, la question de la conversion revenait régulièrement sur le tapis. Véronique se souvient de sa réponse – toujours la même : « Je lui disais que ce n'était pas ma religion. Mais j'étais toujours empreinte d'une angoisse, je me répétais qu'il allait filer à tout jamais, ne plus jamais m'appeler, si je ne convertissais pas. Alors je remettais toujours la discussion au lendemain. Peut-être que lui pouvait croire que j'allais sauter le pas, mais moi, je savais bien qu'il n'en était pas question. » Elle reproche à Sammy son manque de lucidité : elle ne portait pas de jugement sur ses choix religieux, l'a laissé se tourner vers l'islam à sa guise. Il n'a jamais compris que, pour sa mère, le contexte était tout autre, qu'elle avait été élevée dans une atmosphère différente, réduisant franchement sa marche de manœuvre. « Des musulmans que je côtoyais ici, en Belgique, me conseillaient de lui dire que je m'étais convertie », témoigne Véronique. Elle n'a jamais voulu lui mentir.

Lui, au grand désarroi de sa mère, s'accommodait facilement de quelques mensonges, qu'il jugeait probablement sans grande importance. À l'image de ses copains, pour être certain de continuer à toucher les allocations-chômage sans effectivement chercher un travail, Sammy trafiquait les documents à présenter à l'Onem, l'Office national de l'emploi. « Il fallait qu'il justifie chaque mois qu'il avait candidaté à tant et tant de postes, se souvient Véronique. Un jour, il est passé en vitesse à la maison, pour utiliser l'ordinateur. Je lui ai demandé ce qu'il faisait, comme ça, sans penser à rien, pour bavarder. Il m'a expliqué qu'il bidouillait un CV pour une copine. » Véronique aurait préféré ne pas savoir.

De même, quand Sammy avait souhaité louer un appartement qui lui plaisait à Laeken et qu'il n'était pas en possession des justificatifs nécessaires à confier à l'agence immobilière, il a fabriqué de toutes pièces de faux bulletins de paie, sur le modèle de ceux empruntés à un ami. « Je ne cautionnais pas ce comportement, signifie Véronique. Je lui ai dit : "Mais enfin Sammy, tu exagères !" Il ne fallait pas devenir un escroc pour un studio. » Sammy a été radié de la liste des bénéficiaires des allocations-chômage deux mois avant son départ et il a déménagé « à la cloche de bois ». Plutôt que de dire qu'il s'en est allé sans payer, Véronique utilise cette expression un brin désuète avec un naturel déconcertant. Sammy n'était domicilié ni chez sa mère ni chez son père ; le propriétaire n'a donc pas pu se retourner vers eux pour réclamer les arriérés. Véronique s'en était inquiétée : « J'étais soucieuse de savoir qui allait payer, mais la police m'a dit de ne pas m'en faire, que ce n'était pas mon affaire. » Quelque part en Syrie, un homme doit donc deux mois de loyer à un propriétaire bruxellois. « Sammy avait vidé son appartement, mais il a laissé toute la vaisselle que je lui avais offerte, râle Véronique. Il a mis ses affaires dans un grand sac qu'il a donné à un copain.

Je ne sais pas ce qu'il est devenu, mais peu importe. Je ne suis jamais retournée dans cet immeuble, j'ai totalement occulté le fait qu'il existait. Je ne sais pas comment un psy analyserait cette attitude… »

« Je ne suis vraiment pas d'accord ! » a lancé une inconnue à Véronique, sur le parvis de Saint-Gilles, au cœur de Bruxelles. C'est une place agréable bordée de cafés et de bars, chaleureuse, animée, où tous types d'événements se tiennent régulièrement. Au début de l'année 2016, Véronique y vendait des stylos Bic avec l'équipe d'Action Damien (une autre association dont elle fait partie) pour combattre la lèpre. « De quoi elle me parle, là ? » s'est étonnée Véronique. Cette passante anonyme se référait à l'issue du procès du recruteur Jean-Louis Denis. Sammy aussi est tombé entre ses griffes. Dix ans. Dix petites années de prison pour « un salaud », pour un homme sans remords qui a entraîné avec lui tant de jeunes incompris sur le chemin de la Syrie. L'inconnue a exprimé toute sa compassion à Véronique. La « Maman concernée » a vraiment apprécié.

Le nom de Jean-Louis Denis revient régulièrement pendant les réunions du groupe de parents. Et souvent, c'est Véronique qui le remet sur la table. D'une part, elle ne comprend pas pourquoi il n'a pas été mis hors d'état de nuire plus tôt, et d'autre part, pourquoi sa peine est si légère. Jean-Louis Denis a été arrêté en février 2014, soit plus d'un an après le départ de Sammy. Entre-temps, Véronique avait obtenu un rendez-vous avec Joëlle Milquet, alors vice-Première ministre du gouvernement

Di Rupo, et ministre de l'Intérieur. Des représentants de la police étaient aussi présents. Véronique n'avait eu de cesse d'insister sur la responsabilité de Jean-Louis Denis dans le départ de Sammy. Ses mots ont été entendus, mais beaucoup trop tard selon elle. « Comment sont-ils parvenus à le laisser tranquille si longtemps ? » se demande encore Véronique. Les autres « Parents concernés » ne savent pas mieux répondre, et partagent la consternation et la constatation de Véronique : les autorités ont trop tardé. Puis, en janvier 2016, le tribunal correctionnel de Bruxelles a inculpé Jean-Louis Denis (qui s'était converti à l'islam en 2005) pour participation aux activités d'un groupe terroriste – en tant que dirigeant. Ont notamment été soulignés « son activisme, sa volubilité, sa présentation des musulmans comme victimes de toutes sortes de complots » ainsi que sa « glorification des combattants djihadistes ». Le tribunal a affirmé que Sammy et ses pairs – « des jeunes en quête de repères et qui ont une connaissance limitée de leur religion » – ont vu en l'homme un « héros auquel ils aspiraient à ressembler ». Véronique peine à comprendre : « Sammy avait 23 ans quand il est parti – un âge auquel il n'aurait pas dû être influençable. Pourquoi n'est-il pas venu en parler ? » Comme d'autres parents, elle s'est portée partie civile. Mais la demande de dommages et intérêts n'a pas abouti. Au Palais de justice, Véronique a très mal supporté de voir Jean-Louis Denis en face : « Il avait vraiment une sale gueule. C'est un psychopathe, il a le faciès d'une personne sans empathie. » Pendant son procès, le Bruxellois était tout sourire. Celui de Véronique est si rare.

Mais la mère de Sammy refuse de voir l'avenir en noir : « La vie me met sur la route de toutes sortes de gens, rend compte Véronique. Beaucoup me disent : "Madame, on tient avec vous." C'est vrai pour des inconnus qui m'ont vue à la télé, c'est vrai pour les commerçants de mon quartier, qui me demandent souvent des nouvelles de Sammy. » Elle n'en a jamais de fraîches à donner, mais ces marques d'affection l'aident à rester debout. Elle ne veut pas lâcher prise ; même si Sammy est parti, elle se battra pour prévenir d'autres départs et permettre à d'autres familles de ne pas connaître le désarroi qui est le sien au quotidien. « On tient avec vous. » Ces mots bienveillants de proches ou d'inconnus en disent beaucoup ; alors enfin Véronique peut lâcher prise, rien qu'un instant, puisque tous ces gens sont là pour elle, puisqu'ils veillent.

## Lettre de Véronique

Chers professeurs, chers enseignants,

Dans la vie de tout enfant, vous êtes centraux. Vous les fréquentez, les choyez, prenez en charge un tas de leurs bobos. En fait, je vous vois presque comme des seconds parents. Vous passez quasiment plus de temps avec nos gamins que nous, ils nous parlent de vous. Et nous, nous vous connaissons à la fois peu et si bien, à travers eux.

Et voilà que soudain, comme nous, vous êtes mis devant le fait accompli, devant une atroce réalité, un cauchemar féroce : des enfants partent en Syrie. Au départ, cette problématique vous a échappé. Vous ne vous rendiez pas compte. Nous non plus. Mais la probabilité qu'un matin, un élève manque à l'appel parce que l'appel du djihad a été le plus fort existe. Il faut que vous en soyez conscients, que vous dispensiez des cours dans une école des beaux quartiers ou dans des quartiers pauvres.

En tant que mère, je n'ai été que la rapporteuse du phénomène, le témoin de premier choix d'un départ pour la Syrie. Celui de mon fils. J'espère maintenant vous voir, à votre tour, devenir de fervents messagers contre cette infâme idéologie.

J'ai besoin que vous preniez la relève, que vous parliez à vos élèves de la radicalisation violente, que vous leur expliquiez ses dangers. L'heure est trop grave pour se taire. Personne ne peut le nier : vous êtes en première ligne. Vous êtes les plus capables, les plus à même de discuter de ce terrible fléau avec les jeunes. Quitte à ce que cela empiète sur les programmes officiels. Si vos mots et votre clairvoyance peuvent empêcher de nouveaux départs vers la Syrie, le jeu en vaut vraiment la chandelle.

Pardon de placer ce fardeau sur vos épaules. Pardon à tous. Mais vous êtes des forces vives. Vous êtes des centaines, en Belgique et en France ; vous êtes plus nombreux que nous, les Parents concernés. Vous avez plus de poids. Alors, s'il vous plaît, rejoignez notre combat. Dans notre société, vous devez remplir ce rôle de prévention. La tâche sera difficile, car nous avons basculé dans la violence – une violence d'un degré inimaginable, jamais connu auparavant. Il n'y a qu'à penser aux attentats de Bruxelles, de Paris ou de *Charlie*…

J'ai raconté l'histoire de mon fils devant beaucoup de classes, dans de nombreuses écoles en Belgique. Des larmes ont coulé, autant des yeux des élèves que des vôtres, leurs enseignants. Cela m'a souvent mise très mal à l'aise mais m'a permis de comprendre l'essentiel : vous êtes, j'en suis persuadée, les personnes les mieux placées pour passer le message aux jeunes, pour leur dire, tout simplement : « Ne partez pas. » Ni aujourd'hui, ni demain.

Peu importe votre qualification, vous êtes tous, autant que vous êtes, habilités à sensibiliser les enfants à la radicalisation violente. Plus l'on en parle, moins le risque de départ est grand, vous ne pensez pas ? Ce n'est pas un domaine réservé aux professeurs de morale. J'ai rencontré des professeurs de mathématiques très sensibles à cette problématique. N'importe quel enseignant est dans son rôle quand il évoque ce cauchemar-là.

Comprenez-moi bien : je ne vous oblige à rien. Vous pouvez vous dispenser d'en parler à vos classes, laisser cette charge à vos collègues, voire à d'autres institutions que l'école. Après tout, il faut bien que vos élèves apprennent à lire et à écrire. Mais sachons-le : aujourd'hui, c'est la Syrie qui attire, demain, ce sera ailleurs, peut-être. Il faut s'y préparer. Je pense qu'avant 11 ou 12 ans, évoquer la radicalisation violente est contre-productif. Il faut laisser une certaine innocence aux petits, un temps de vie sans contraintes. Il faut préserver leur joie de vivre, ne pas les accabler avec des problèmes d'adultes. S'ils posent des questions, je crois qu'il faut trouver des réponses adéquates, ne pas simplement tout réduire aux « gentils » et aux « méchants ». En classe, mieux vaut s'adresser aux adolescents. Ils sont des cibles de choix pour les recruteurs, dans la rue ou derrière leurs écrans d'ordinateur. Ils se laissent facilement influencer. Vous le savez aussi bien que moi : les jeunes sont à la recherche de repères.

Mais il ne faudrait pas pour autant créer une génération d'angoissés. Tout l'art est de trouver un juste milieu, un équilibre : je ne voudrais pas que les enfants sortent de l'école et ne parlent plus que de djihad et de Daech, jusqu'à déstabiliser leur propre famille. La clé, c'est qu'ils soient conscients que ce phénomène existe. Que mon fils – comme tant d'autres – est parti en Syrie.

Bien sûr, il est malaisé d'expliquer à un gamin de 12 ans que dans notre société, il y a des différences au niveau social – entre communautés, entre pays, entre êtres humains. Qui a engendré cette violence ? Il n'est pas facile de trouver les mots. Mais il ne faut pas non plus leur dorer la tranche totalement. On ne vit plus aujourd'hui comme il y a soixante ans ! Moi, quand j'étais jeune, je vivais dans une insouciance crasse... Rien ne pouvait venir nous accabler. Aujourd'hui, nous sommes face à une différente réalité. Et parfois, cette dernière est compliquée à décrypter : ce n'est pas parce qu'une jeune fille met le voile qu'elle est radicalisée. Quant à celui qui va crier « *Allahou akbar* » à la récré, il n'a rien compris à l'islam. Il faut travailler auprès de ces jeunes. Pouvoir lire les signes, comprendre les attitudes, déchiffrer les comportements. En deux mots : être attentifs.

J'aurais tellement aimé que l'un des professeurs de Sammy m'aide à ouvrir les yeux sur ce qui était en train de se jouer, sous mes yeux, sans que je voie rien. Pendant sa dernière année d'études, mon fils avait longuement travaillé sur le thème de la Palestine et d'Israël. Un intérêt soudain pour la situation au Moyen-Orient, voilà typiquement le genre de signes auxquels je fais allusion. Et Sammy n'en avait que pour l'Irak, l'Afghanistan. Si l'un de ses enseignants était venu me trouver, à cette époque-là, j'aurais aimé qu'on en discute. La suite aurait pu être différente. Sammy avait notamment un professeur de chimie qu'il adorait. Il était subjugué par cet homme, en qui il avait vraiment confiance. Ils discutaient sûrement beaucoup. Allez savoir de quoi ils parlaient...

En aucun cas, je ne rejette la faute sur les enseignants ; c'est juste un rêve que j'expose là, que je couche sur papier. Je ne le cache pas : oui, j'aurais aimé qu'un professeur détecte la radicalisation de mon fils. Le guide. Le sauve. Cela n'a pas été le cas. Mais vous êtes là pour reprendre le flambeau. Si personne n'a remis mon fils sur la voie de la raison, certainement

## Parents de djihadiste

saurez-vous le faire pour d'autres jeunes, aussi insouciants, aussi géniaux que Sammy. Et ainsi les retenir, ici, avec nous, avec vous.

Avec du recul, cela est facile à dire. Mais dans un passé tout proche, personne n'évoquait ce phénomène, personne ne savait. Nous, les parents qui avons parlé, qui avons partagé notre peine, avons ouvert une brèche. À vous de vous y engouffrer – et de lutter contre les mouvements sectaires qui s'attaquent à nos jeunes. Les témoignages seront toujours l'apanage des familles des jeunes partis en Syrie. Ce n'est pas à vous de vous mettre dans notre peau. Mais il serait intéressant qu'une bibliographie de livres consacrés à ce sujet si difficile soit constituée et que vous proposiez aux élèves de les découvrir, et d'y réfléchir, ensemble. Je conclus ces quelques lignes avec un encouragement pour l'avenir : aucun doute, le combat sera âpre et dur. Mais vous êtes capables de vaincre.

Véronique L.

## CHRISTINE[1]

« "Où sont les hommes ? reprit enfin le petit prince. On est un peu seul dans le désert...
— On est seul aussi chez les hommes", dit le serpent. »
Antoine de SAINT-EXUPÉRY,
*Le Petit Prince*, 1943.

École maternelle, du côté de Rochefort, à l'ouest de la France. Début des années quatre-vingt-dix. Un gamin en tabasse un autre – à la récré ou à la sortie des classes, on ne sait plus trop. Il enfonce ses ongles dans les joues de son jeune rival. Dans d'autres circonstances, ils auraient pu être copains, piquer ensemble des bonbons à la boulangerie du coin. Il griffe, salement, pire qu'un tigre. L'autre gosse n'avait rien demandé, il s'est fait plaquer contre un mur, et le tour était joué. Tout s'est passé vite, c'était douloureux, mais c'est passé, oublié. Mieux valait garder la tête baissée.

---
1. Le prénom de son fils a été modifié.

La petite victime de cette guerre des bacs à sable s'appelle Matthias. Il est alors haut comme trois pommes, et certainement le garçon le plus timide de l'école. Il est introverti comme pas permis. Au point que cela inquiète sérieusement sa mère, Christine. Cette scène l'a marquée – retrouver son petit le visage défiguré par des zébrures sanguinolentes, aucun parent ne peut vraiment l'oublier. Des années plus tard, elle s'étonne encore que son Matthias, aussi doux et calme qu'il pouvait l'être, n'ait pas bougé d'un pouce : « Il n'a pas cherché à se défendre, il n'a même pas repoussé le gamin », se souvient Christine.

Matthias est né le 19 décembre 1986. Il a fréquenté des établissements privés, catholiques, non pas par conviction religieuse parentale, mais pour la qualité supposée de leur enseignement. Au collège, les remarques dans son bulletin, à la fin de chaque trimestre, l'incitaient toujours à se faire remarquer un minimum, et à participer, au moins un peu. Il était tellement effacé. Un petit fantôme qui ne posait pas de problèmes particuliers. Pareil au lycée, où, toujours trop calme, transparent, Matthias restait néanmoins bon élève. Il lisait beaucoup. Il a intégré la filière scientifique, à base de mathématiques et de physique-chimie, et a décroché le bac avec la mention « bien ». Puis il est parti à Paris. Christine le pensait en sécurité aux côtés de sa sœur. Aujourd'hui, Matthias est en Syrie. Et sa mère revient de Bali. Un voyage de quinze jours durant lesquels elle voulait se ressourcer et oublier tous ses soucis. En vain.

« Ma vie, c'est franchement pas un conte de fées. » Christine préfère prévenir. Là où les conteurs s'enlisent dans des « il était une fois » et des « et ils vécurent heureux » mielleux, la mère de Matthias ponctue son récit de ce dur constat, à de multiples reprises. Et elle n'exagère pas. Pour d'autres parents, le départ d'un enfant vers la Syrie constitue le drame d'une vie, l'ultime coup de semonce – du type de ceux dont on ne se relève pas. Mais dans le cas de Christine, la fuite de Matthias se lit plutôt comme le terrible point d'orgue d'un enchaînement d'épreuves. Christine en avait déjà traversé tellement qu'elle se disait toujours : « Au moins, il ne pourra rien m'arriver de pire, maintenant. » Mais si. Matthias a choisi de continuer sa vie en Syrie. Matthias a choisi le djihad. Matthias a choisi l'exil, vers une terre inconnue, effrayante. Ce départ, pour Christine, c'est le coup de grâce. « Je ne m'en remettrai pas, souffle-t-elle. Je suis traumatisée. Je ne suis plus la même. »

Quand Matthias s'en est allé vers la Syrie, ce n'était pas la première fois que Christine se retrouvait brutalement séparée d'un être cher. Mariée à trois reprises, Christine a vu son dernier époux, un capitaine de police, être emporté par un cancer foudroyant. « Jean-Claude était vachement beau, et en hyper bonne santé, explique Christine. Son cancer a été pris trop tard. On lui a enlevé un rein mais ça n'a servi à rien. Les médecins, aujourd'hui, ne prennent plus trop de pincettes : ils lui ont dit qu'il allait mourir. Ça fait un sacré traumatisme, ça aussi. Son décès a été extrêmement brutal, inattendu. Ce n'était pas dans l'ordre des choses. » À la même période, Christine a perdu ses deux parents. « Tout ce petit monde là qui part, comme ça, sans prévenir, ça a été un terrible coup de massue par-derrière », témoigne Christine. Elle s'est alors installée à Narbonne, dans le sud-ouest de la France, où elle vit maintenant depuis six ans, dans un quartier qu'elle décrit comme un « petit village », où tout le monde se connaît – peut-être un peu trop même.

Matthias et son frère aîné Julien sont le fruit du premier mariage. Estelle, sa fille, est quant à elle née pendant la deuxième union. Elle a bientôt 20 ans. Le départ de son frère l'a terriblement chamboulée, au point qu'elle ne trouve même pas la force de passer son bac. C'est bien simple : elle n'est pas prête à organiser ses pensées et à se pencher, des heures durant, armée d'un simple stylo à plume, sur d'interminables dissertations. L'année prochaine, peut-être. Les trois enfants ont des caractères très différents. Surtout Matthias et Julien, dont les réactions, les attitudes, les comportements sont diamétralement opposés. « Tout le monde aime Matthias. C'est un ange. Il provoque un déclenchement d'amour, vraiment. Alors que Julien, si on l'emmerde, il fout une baffe. La chaîne héréditaire vient de loin, philosophe Christine. Matthias est très différent de moi. Je suis très sociable, mais j'ai tendance à dire franchement ce que je pense et ça, ça ne passe pas toujours. »

Physiquement, Matthias ne ressemble pas non plus beaucoup à sa mère : il est roux, la peau parsemée de taches de rousseur. Il a même des paillettes rousses dans les yeux. « Bonjour les coups de soleil en Syrie », risque sa mère. Christine, elle, a les cheveux foncés et bouclés, beaucoup de volume. Une crinière bien soignée. Ses yeux sont verts ; elle les cache souvent derrière de grosses lunettes de soleil. Sa peau est bronzée, encore plus depuis qu'elle est de retour d'Indonésie. Elle est athlétique, svelte ; Christine aime beaucoup le sport. Et se dépenser l'aide à conserver un certain équilibre mental. Jusque dans sa manière de s'exprimer, Christine est impressionnante ; elle impose le respect. Sa voix, dirait-on, ne tremble jamais. Elle sait où elle va. Et tant qu'elle n'est pas à destination, la mère de famille ne lâche rien. Même sur les sujets les plus anodins – quand elle maintient qu'il ne faut pas manger de Nutella car il est saturé d'huile de palme ni de yaourts car ils sont bourrés de conservateurs cancérogènes –, Christine, qui ne jure que par le bio, n'inspire qu'une réplique : « Oui maman. »

Christine a réussi à dégager un facteur commun à tous les enfants partis en Syrie : « Nos gamins, ce ne sont pas des rocs. Ils font preuve d'une empathie XXL ; ils sont hypersensibles, en quête d'idéaux. Et ils ne sont pas forcément très à l'aise dans la société française et européenne, expose-t-elle calmement. Matthias, c'est un vrai gentil, d'un niveau de sensibilité supérieur à la moyenne. » Elle explique qu'il tombait dans les pommes à la vue d'une goutte de sang, paniquait à l'approche d'un rendez-vous chez le dentiste et était du genre à relâcher les insectes à l'extérieur de la maison plutôt que de les tuer. Un vrai, vrai gentil. On veut la croire.

Mais adolescent, Matthias inquiétait de plus en plus sa mère. Sa passivité pendant la bagarre en maternelle n'était plus qu'un lointain souvenir, mais Christine ne pouvait s'empêcher d'y repenser, plus souvent que de raison. « Matthias a eu une adolescence en dents de scie. Il faisait des choses qui ne me plaisaient pas vraiment, comme passer des heures enfermé dans sa chambre, seul, sur son lit, à jouer de la guitare, si bien que je l'ai emmené voir un psy, retrace sa mère. Il avait ce côté hypertimide qui lui empoisonnait la vie. Il se sous-estimait sans cesse. Par exemple, il avait loupé son BAFA [l'examen pour devenir animateur dans des centres aérés ou des colonies de vacances], et ne s'en remettait pas. Alors que ça aurait dû être anodin. Il avait vraiment une réaction excessive par rapport au sujet. »

À la fin du lycée, le bac en poche, empêtré dans une spirale « négativo-nostalgique », Matthias a annoncé à sa mère qu'il ne souhaitait pas poursuivre ses études. Christine s'est vue moins rassurée encore. Elle le dit elle-même : elle est loin d'être un « dragon », une « sorcière ». Christine, c'est plutôt une « maman cool », qui apprécie que « les choses coulent de source ». Elle n'aimait pas trop avoir à intervenir, sauf quand cela s'avérait vraiment nécessaire. Mais l'idée que Matthias puisse rester là à ne rien faire effrayait et angoissait Christine. En plus, elle se rendait bien compte qu'elle étouffait un peu son grand garçon, qu'elle le couvait. *A posteriori*, elle analyse : « C'est à ce moment-là que j'ai eu une très, très, très mauvaise idée : je l'ai poussé à partir à Paris. » Matthias avait 19 ans. Et toute la vie devant lui.

*

Boutique de pièces détachées pour automobiles, Seine-Saint-Denis. Milieu des années 2000. Un grand dadais a le nez plongé dans des lignes de calcul, les sourcils froncés alors qu'il essaye d'équilibrer un bilan comptable. Il s'occupe de la gestion de l'enseigne qui fonctionne sous la houlette d'un ami du beau-frère de Christine ; sa sœur, quant à elle, est professeur d'histoire des religions dans la région. C'est chez elle que Christine a envoyé Matthias, comptant sur sa capacité à le persuader de reprendre les études. « Et j'ai pensé que changer d'air lui ferait du bien », souligne Christine. Le raisonnement est limpide : Matthias semble malheureux en province avec elle, et n'a plus goût à rien. En investissant un univers encore inconnu, en multipliant les nouvelles rencontres, il allait se découvrir de nouveaux centres d'intérêt, se trouver une passion, une voie, peut-être aussi une petite copine avec qui il pourrait rêver d'un avenir en rose. Il allait remettre le pied à l'étrier et oublier la morosité dans laquelle il s'était figé depuis déjà trop longtemps.

Mais les « nouvelles rencontres » de Matthias sont très loin des standards espérés et imaginés par Christine. Et il n'est pas encore, à ce stade-là, question de recruteurs. À son arrivée à Paris, « Matthias a fréquenté le milieu de Marine Le Pen », résume pudiquement Christine. Il a retrouvé dans la capitale un vieux copain, absolument convaincu par les thèses du Front national, qui a su les exposer sous leur meilleur jour à un Matthias rapidement acquis à sa cause. « Matthias était devenu raciste, témoigne sa mère. Il disait qu'il en avait ras-le-bol des Arabes, qu'il y avait trop de Noirs dans l'équipe de France de foot… Il tenait ce genre de discours… » Avec le recul, Christine aurait vraiment préféré que son fils reste dans la sphère du radicalisme politique, plutôt que de basculer dans l'extrémisme religieux. Aucun ne semble convenable à ses yeux, mais si le choix entre la peste et le choléra lui avait été donné, elle aurait choisi la peste.

Car le choléra a un nom scientifique : Fabien Clain. En effet, après un certain temps passé à Paris, Matthias compte parmi ses nouvelles fréquentations le recruteur et djihadiste très médiatisé. En 2009, Fabien Clain avait été condamné à cinq ans de prison pour avoir organisé l'acheminement de plusieurs jeunes combattants vers l'Irak. Après sa libération, en 2012, il a rejoint la Syrie. Puis est rentré en France, pour repartir en mars 2015. Il est l'homme qui a revendiqué les attentats du 13 novembre 2015. Sur fond de *nasheed*, c'est-à-dire de chant religieux interprété par son frère Jean-Michel, Fabien Clain déclame : « Dans une attaque bénie dont Allah a facilité les causes, un groupe de croyants des soldats du califat, qu'Allah lui donne puissance et victoire, a pris pour cible la capitale des abominations et de la perversion, celle qui porte la bannière de la croix en Europe, Paris. »

Christine situe à 2013 le basculement de Matthias. Quand elle lui parlait au téléphone, Matthias ne lui semblait pas très en forme. « Il disait qu'il voulait retourner vivre en province, qu'il en avait assez de Paris », retrace Christine. Il songe alors à habiter dans le Massif central, où il a passé une partie de sa jeunesse. Matthias a toujours beaucoup aimé l'altitude, le calme, la nature. « C'est à ce moment-là qu'il a rencontré tous ces tarés », soupire Christine. Dans sa bouche, « ces salopards » vient parfois remplacer « ces tarés » ; qu'importe le substantif qu'elle choisit, Christine entend par là tous ceux qui ont initié son fils au fondamentalisme religieux, qui ont aspiré l'intégralité de son sens critique, qui ont jeté aux oubliettes sa liberté de pensée. Ceux qui l'ont poussé sur le chemin de Rakka ou des alentours, non moins dangereux. Ceux qui lui ont enlevé son bébé, son « Doudou ». Même ses copains avaient adopté ce surnom tout mignon pour leur camarade poil-de-carotte, toujours un peu dans la lune, jamais vraiment les pieds sur terre.

En mai 2014, Matthias décide de se convertir à l'islam. Quand il l'annonce à sa mère, elle est de sortie avec des amis, dans un bar à vin. Diplômée d'œnologie, Christine aime beaucoup ce genre d'endroit, où elle affine son palais. Elle s'isole sur le trottoir pour répondre au téléphone. Au beau milieu de la discussion, Matthias introduit la nouvelle, par un tout simple : « Au fait, maman, il faut que je te dise… » S'il avait voulu lui parler de la pluie ou du beau temps, il ne l'aurait pas formulé autrement. Christine a gloussé, persuadée que son fils la menait en bateau. Elle était vraiment de bonne humeur : ce soir-là, elle fêtait son anniversaire. « Quand j'ai compris que ce n'était pas une blague, j'ai eu des vapeurs, raconte Christine. Je lui ai dit : "Écoute, Matthias, l'islam, c'est vraiment n'importe quoi ! Nous sommes catholiques !" J'étais consternée, mais à mille lieues d'imaginer ce qui allait arriver. » Quand elle a retrouvé ses amis dans le bar, ces derniers lui ont trouvé un drôle d'air. Christine s'est mordu les joues pour ne pas pleurer. Son esprit bouillonnait : « Dire qu'un an auparavant, il fréquentait encore les églises catholiques… » Elle n'a pas pipé mot, a gardé pour elle la désagréable conversation qu'elle venait tout juste de tenir, là, à l'extérieur de cet établissement branché, ce lieu dédié à la fête, à l'amusement, parfait pour s'étourdir jusqu'au matin. Christine était étourdie, elle aussi, mais pas comme elle l'aurait voulu. Pas comme prévu. Elle était abasourdie. Complètement sonnée. Maintenant, quand elle sort avec ses amis, Christine est moins sereine : « Je pète souvent les plombs sans raison. D'un instant à l'autre je fonds en larmes, je suis inconsolable. »

Le lendemain de sa fête d'anniversaire, Christine a retrouvé son calme : « J'ai réfléchi et j'ai pensé qu'il avait dû se trouver des copains musulmans, que c'était pour cette raison qu'il avait changé de religion. Je me suis dit que dès qu'il en aurait assez du couscous, dans quatre ou cinq mois, il passerait à autre chose. » Mais assez rapidement, la situation a pris un tournant encore plus déplaisant : « Au téléphone, on a discuté des femmes. Il disait que le voile, c'était très bien. Que les Françaises étaient indécentes. Que l'islam était une religion extraordinaire. Je lui ai demandé : "Mais Matthias, tu t'entends, là, quand tu me parles ?" J'ai beaucoup pleuré. »

Une ancienne connaissance de Matthias a croisé le jeune homme dans les rues de Paris. Vêtu d'une djellaba, barbu, celui-ci était quasi méconnaissable. « Mais Matthias, qu'est-ce que tu fous ? » l'aurait interpellé son ami. Matthias aurait tourné les talons. Il n'allait quand même pas bavarder avec un mécréant. « Pour moi, c'était juste l'islam, révèle Christine. Pas l'islam radical. » Pourtant, les signes ne manquent pas : durant cette même période, Matthias se fâche avec ses copains, coupe les ponts, même avec les plus proches. Tous les spécialistes s'accordent à dire que les recruteurs s'emploient à déraciner leurs cibles de leurs environnements familiaux et amicaux, considérés comme des dangers, des obstacles à neutraliser. Matthias ne fait pas exception. Il annule soudainement ses vacances chez sa mère, à Narbonne, certainement sur le bon conseil de son nouvel entourage mortifère. « Ses amis d'enfance s'en veulent terriblement, témoigne Christine. Ils disent qu'ils auraient dû lui parler plus, ne pas le laisser se détourner d'eux. » Mais ils ne disposaient pas non plus d'une boule de cristal qui leur aurait montré leur vieux copain Matthias, gentil trublion qui aimait « faire le con », au milieu des vastes étendues syriennes ou des ruines encore fumantes de villes bombardées.

« Matthias n'était pas un abruti qui traversait la vie comme une fleur sans se poser de questions », énonce Christine. Mais peut-être passait-il à côté des bonnes interrogations ? Sa mère le décrit comme un garçon « fin, subtil et intelligent ». Elle insiste aussi sur sa capacité d'adaptation très développée. Ce qui signifie aussi que Matthias était plutôt malléable. « Dans le fond, je ne suis pas tellement surprise qu'il se soit laissé embrigader, glisse Christine. Les recruteurs ont dû jouer sur ces traits-là de sa personnalité. »

Le jeune homme, alors âgé de 28 ans, quitte la France en février 2015. Un mois après les attentats contre *Charlie Hebdo*. Christine avait encore eu le temps d'évoquer cette attaque terroriste avec son fils. Elle l'avait appelé, tout de suite après la tuerie. Matthias avait tardé à répondre. « Il m'a dit : "Je me doutais que tu allais t'inquiéter !" et avait eu ce rire bizarre qui m'avait vraiment déplu, explique Christine. Et puis, il avait dit que quand même, *Charlie Hebdo* poussait le bouchon un peu loin. Je lui ai demandé si on tuait des gens pour ça. S'il se rendait compte de ce carnage. Et il n'a pas répondu. Ça m'a contrariée. On a raccroché. » Pourtant, Matthias avait déjà tenu *Charlie* entre ses mains : sa mère achète ce canard, de temps en temps. Son fils aurait eu tout le loisir de comprendre l'esprit de la bande de dessinateurs. Mais Matthias avait-il seulement feuilleté leurs pages ?

Début 2015, Matthias travaille toujours dans la même boutique de pièces détachées. L'enquête qui a suivi son départ montre qu'il passe quasiment tout son temps libre dans un garage automobile aujourd'hui décrit comme « un nid à djihadistes ». Le lieu est surveillé par les renseignements. Mais cela n'empêche pas le départ de Matthias, qui était fiché S. En d'autres termes, il avait été classé comme « menace potentielle à la sûreté de l'État ». Christine ne comprend toujours pas comment la police a pu le laisser filer s'il était soupçonné d'être tenté par le djihad : « À partir du moment où l'on fiche quelqu'un, c'est bien que l'on se doute que le pire se prépare. Et on laisse faire… » Pendant ce même hiver 2015, Matthias raconte à sa mère qu'il a passé un week-end fort agréable en Normandie. Quand elle l'interroge sur son point de chute dans la région, Matthias lui répond simplement : « J'ai des potes là-bas. » Christine n'est pas suspicieuse ; au contraire, elle est ravie que son fils compte de bons amis. Et après tout, quel Francilien déclinerait une invitation à s'échapper de la capitale, le temps d'une fin de semaine revitalisante ? En réalité, Matthias est en Normandie – probablement à Alençon – avec Fabien Clain. Son recruteur, et non « son pote ».

Pourquoi Christine ne s'est-elle pas méfiée ? Tout simplement parce qu'elle n'avait aucune clé en main, aucun motif d'inquiétude qui aurait pu l'alerter ou l'inviter à surveiller de près son fils, voire à le forcer à quitter Paris. C'est sa sœur qui a signalé Matthias aux autorités, causant son fichage auprès des renseignements. Elle n'en a pas informé Christine, avec qui elle était brouillée. La mère de Matthias pense qu'au vu de la situation, il était du devoir de son aînée de la prévenir, de lui faire part de ses doutes, de ses craintes. Elle ne lui pardonnera pas son silence.

Un dimanche, à la fin du mois de février 2015, quand Christine compose son numéro, le portable de Matthias sonne dans le vide. Toute la journée durant. Le lundi aussi. « Même s'il avait eu un problème de chargeur, connaissant mon fils, il en aurait racheté un *illico presto*, rend compte Christine. Il y avait quelque chose de pas normal, de pas normal du tout. » Le mardi, toujours la messagerie. Un copain de Christine travaille au commissariat de police de Narbonne. Elle lui demande si elle peut passer le voir. Il accepte, elle explique : « Alors voilà, j'ai un fils qui vit à Paris. Il ne répond plus à mes appels, déballe-t-elle. Il doit être malade, ou il a dû avoir un accident… Tu peux vérifier auprès des hôpitaux ? »

Quand, à l'issue de quelques recherches, le policier explique à Christine qu'il préfère la mettre en relation avec le service des renseignements de Narbonne, elle a d'emblée un très mauvais pressentiment. Il sera confirmé deux jours plus tard, par trois hommes « à la mine patibulaire » dont les expressions graves restent ancrées dans sa mémoire. Christine les exhorte, hystérique : « Est-ce que vous avez trouvé mon fils ? Pourquoi vous ne me dites rien ? Expliquez-moi ce qu'il se passe ! Est-ce qu'il va bien ? Qu'est-ce qui lui est arrivé ? » Ses questions s'entrechoquent ; leur réponse tient en quelques mots, que Christine enregistre à peine avant de perdre connaissance : « Votre fils a quitté le territoire français. Il est parti en Syrie. » Des liens de Matthias avec Fabien Clain à son fichage par la DGSI, Christine intègre, en vrac, de multiples éléments, tous traumatisants. Elle découvre le vrai visage de son enfant. « Assez vite, j'ai vu le nom de mon fils dans la presse, tremble Christine. Je lisais qu'il était lié à telle ou telle personne… » Son désarroi est profond : « J'ai cru que j'allais tout démolir ! Comment c'est possible ? Comment on a pu le laisser passer ? On l'a laissé partir sciemment ! Dites-le-moi ! » Elle crie.

Le premier message de Matthias reçu par Christine, sur Facebook, date du mois de mai 2015. Le 30 mai, à 13 heures 57 exactement. Avant, la mère désemparée en avait envoyé toute une série – « dix mille, au moins ! » – enjoignant à son fils de faire demi-tour : « Rentre, rentre, tu vas te faire tuer ! », « Matthias, tu te rends compte de ce que tu me fais ? », « J'ai peur pour toi… », etc. Ses mots restaient lettre morte. Jusqu'à, enfin, ce « Coucou maman » qui s'est affiché sur son écran alors qu'elle ne l'espérait plus. « Excuse-moi de ne pas t'avoir donné de nouvelles. Ça va nickel. Je suis en voyage depuis un petit moment, je te recontacte bientôt. Bisous. Je t'aime », écrit-il à sa mère, choquée et triste de découvrir qu'il lui ment allègrement. Il n'a pas évoqué la Syrie. « Et moi, j'ai fait l'innocente », explique Christine, qui, depuis ses entrevues avec la police, savait très bien quelle était la destination de ce « voyage ». L'enfer. Elle laisse une heure s'écouler, avant de répondre : « Coucou mon Doudou, tu sais que j'étais morte d'inquiétude ? Comment se fait-il que ta ligne de téléphone ne fonctionne plus ? Tu es parti en voyage, mais où ça ? Quand reviens-tu ? En tout cas, je suis super contente de savoir que tu vas bien, c'est le plus important. Je t'aime de tout mon cœur. »

Matthias ne lui répondra qu'à la fin juin. « Et là, c'est boum », mime Christine, qui relit les quelques lignes qui l'ont tant heurtée : « En fait, ça ne sert à rien que je te le cache plus longtemps, mais en même temps quelque chose me dit que vous êtes déjà au courant : ça fait cinq mois que je suis en Syrie. Je sais, vous allez dire t'es malade, tu t'es fait embrigader. Ça fait un an que je voulais y aller, j'ai même accéléré les choses pour partir avec des amis. C'est bizarre que tu ne sois pas au courant car je suis quand même plus ou moins recherché en Grèce :

j'ai fait une course poursuite avec les keufs à 260 km/h sur l'autoroute, on m'avait refusé l'entrée en Turquie. Je vais pas m'étaler sur le pourquoi je suis ici d'un point de vue religieux, car c'est à peine si tu crois en Dieu. Je pouvais plus rester en France, j'étais pas bien à un point, de voir tous ces musulmans se faire massacrer ici, en Irak, et ne rien faire. Il faut voir comment les médias mentent, les gens ici vivent plutôt bien. Bachar tue les enfants, viole des femmes, la coalition internationale tue des civils, les Américains ont traumatisé les Irakiens. Je préfère aller me battre pour sauver ces populations que je vois jour après jour souffrir. [...] Les gens en France vivent tranquillement, et pour leur petit confort, des musulmans se font massacrer. Je crois vraiment que vous vivez dans le virtuel parce que ici, c'est la pure réalité. Ça sert à rien de demander que je revienne, je suis heureux ici. Je préfère mourir pour mon Seigneur et les musulmans que de finir dans un lit d'hôpital en France à 80 ans. De toute façon, tout est une question d'enfer et de paradis, et ici on voit des miracles. Désolé pour le mal causé, mais je suis obligé. Réfléchissez un peu à pourquoi vous êtes sur cette Terre. Bisous. »

Par ce « vous » accusateur, Matthias associe sa mère à l'Occident tout entier ; et il considère probablement que Christine participe au jeu des médias. En novembre 2015, après les attaques de Paris, elle a témoigné sur la chaîne d'information en continu i-Télé. Matthias s'est plaint auprès de sa sœur Estelle : « Maman a vraiment montré des photos nazes de moi ! » Mais il n'avait pas l'air fâché. Christine tente le tout pour le tout : « Tu sais, une maman, on n'en a qu'une. Je ne pense pas qu'un quelconque dieu puisse te dire de ne pas aimer ta maman et surtout de la laisser inquiète. » La réponse de son fils lui a fait aussi mal qu'un couteau dans le ventre : « De toute façon, s'il m'arrive quelque chose, tu seras prévenue. »

Elle a voulu qu'il lui raconte sa vie quotidienne, mais sans grand succès. Matthias a quand même lâché : « Le plus dur, c'est les 45° tous les jours, mais ça va, il y a l'Euphrate à cinq minutes. » Il ne parle pas de chars, pas de balles, pas de morts. Mais Christine sait que son fils combat. À la fin de l'été 2015, alors qu'elle était au travail, le site d'informations Spicee a mis en ligne un documentaire consacré aux escadrons de djihadistes qui mènent la guerre au régime de Bachar al-Assad. Présentés comme des « brigades ultradéterminées », ces groupes paramilitaires, qui coexistent avec l'organisation État islamique, comptent dans leurs rangs un jeune Français, roux, ancien militant d'extrême-droite, repéré par Fabien Clain, surnommé « Doudou ». Il n'y en a qu'un. Quand Christine discerne Matthias sur son écran d'ordinateur, son monde, qui déjà ne tournait plus bien rond, s'arrête carrément. Elle ne peut plus respirer. Elle voit son fils, les traits tirés, avec un regard qu'elle ne lui connaît pas, au sein de ce groupe terrifiant, armé, violent, qui s'apprête à se battre. Elle regarde la vidéo d'une seule traite. Croit mourir sur place. Par la suite, Christine a pris contact avec le journaliste derrière le reportage choc. Il a pu éclairer sa lanterne, lui expliquant quel est le groupe d'appartenance de son fils, son rôle sur le terrain. Une réalité tellement éloigné de Narbonne, de ses plages, de ses vignes…

Les derniers e-mails de Matthias adressés à sa mère datent du mois de décembre 2015. Mais certains de ses anciens copains en ont reçu en mars 2016. L'une des amies de Matthias a été particulièrement éprouvée par son départ. « Depuis que je lui ai annoncé ce qu'il s'est passé, elle est traumatisée », hoquette Christine, qui en veut à son fils pour tous les dommages collatéraux qu'il cause, a causés et causera. « Elle a répété trois fois : "Mais c'est pas possible, Christine, c'est pas possible"… La gamine ne s'en remettra pas. » La jeune fille voulait simplement contacter Matthias puisque son frère se mariait et que les deux avaient toujours été proches. Elle s'étonnait de ne pas recevoir de réponse à son invitation. De guerre lasse, elle a fini par contacter Christine. Cette dernière a bien dû lui dire la vérité. Et admettre que Matthias ne serait certainement pas des leurs, à la cérémonie. Elle aurait tellement aimé le voir en costume ; il aurait peut-être été témoin. Il aurait préparé un beau discours. Sa voix aurait certainement tremblé un peu ; il n'a pas l'assurance de sa mère. Mais il aurait fait bonne figure, aurait laissé parler son cœur et, sincère, aurait souhaité tout le bonheur du monde aux jeunes mariés. « Ma vie, franchement, c'est pas un conte de fées », répète Christine.

Le plus dur, pour cette mère abandonnée par l'un de ses fils ? « Essayer de donner un sens à ce qui n'en a aucun. » Elle oscille d'un état à l'autre. Elle s'imprègne de citations de grands auteurs – ses préférées sont souvent les plus mélancoliques. Elle partage sur les réseaux sociaux celles qui la touchent le plus, celles qui lui rappellent Matthias. « Se faire présent, c'est prendre le risque de l'absence », disait Saint-Exupéry qu'elle aime tant. « Il n'y a pas de hasard, il n'y a que des rendez-vous », promettait Éluard. « La vie est un sommeil, l'amour en est le rêve, et vous aurez vécu si vous avez aimé », devisait Musset. « Un seul être vous manque et tout est dépeuplé », présageait Lamartine, devenu *mainstream*. Ils l'inspirent tous, ils lui parlent directement au cœur, lui murmurent un peu d'espoir au creux de l'oreille.

Mais Christine est souvent en colère. Elle a envisagé de porter plainte contre l'organisation État islamique, avant de se raviser. « Mon fils n'est pas avec Daech », rappelle-t-elle. C'est l'État français qu'elle a ensuite voulu poursuivre en justice. « La France est responsable. Elle laisse des tarés recruter mon fils en toute impunité. Elle ferme les yeux », s'énerve Christine. Mais son avocat, un vaillant juriste parisien, l'a prévenue : son action risque d'être difficilement recevable. Elle hurle à la fin des élites, elle appelle à une réforme en profondeur du système étatique. « Certains jeunes n'arrivent pas à trouver leur place dans cette société », regrette-t-elle. Matthias a été de ceux-là. Alors, il est parti. Il est allé voir ailleurs si la vie pouvait être meilleure. Et c'est bien cela qui hérisse le poil de Christine : si de meilleures opportunités lui avaient été offertes, si le « système » intégrait mieux sa jeunesse, son fils serait toujours là, à ses côtés ou à Paris, cela lui est égal, mais là, en chair et en os, en France. Il aurait été capable de détourner le regard face aux recruteurs, d'être doté d'oreilles tout à fait imperméables à la propagande radicale. « On doit pouvoir être capable de croiser le chemin de n'importe qui… », martèle Christine. Sans tomber entre les griffes de personnes malintentionnées, dit-elle entre les lignes.

Christine vit dans la crainte permanente, dans la peur de perdre son fils définitivement, sous les balles en Syrie. Quand les pensées négatives lui remplissent la tête jusqu'à ce que ses tempes soient sur le point d'exploser, Christine fait de son mieux pour les évacuer. Elle court beaucoup, tous les deux ou trois jours, dix à quinze kilomètres, pas moins. Seule. Sans musique. Sans portable. « Je pars avec mon short et mon tee-shirt, point barre, résume-t-elle. Je m'enfonce dans des sentiers éloignés, le but, c'est que surtout, il n'y ait pas âme qui vive. » Ses amis n'aiment pas trop la savoir seule dans la nature. Cela ne lui fait ni chaud ni froid. « Si je tombe, je me relève. Et je marche jusqu'à ma voiture. Et si vraiment c'est plus grave, il y aura bien quelqu'un qui se rendra compte que j'ai disparu et qui appellera les pompiers. Et ils sauront où me retrouver », lâche-t-elle, quasiment excédée à l'idée que l'on puisse se faire du souci pour elle. Christine adore aussi le vélo et la nage. Pour rien au monde, elle ne troquerait sa belle région de Languedoc-Roussillon contre d'autres horizons : elle aime tant la proximité de la mer, le contact avec la nature. Il n'y a que deux options : soit elle respire à pleins poumons, soit elle dépérit.

\*

Plage de Lombok, à Bali, Indonésie. Printemps 2016. Christine se baigne dans une mer turquoise. Le soleil caresse sa peau. Elle est entourée d'enfants, elle leur donne entre 6 et 12 ans. Ils sourient, ils s'amusent, ils sont si naturels. Christine se sent bien à leurs côtés. « Ils n'avaient rien à voir avec les gamins européens, qui sont grimés, déguisés en adultes par leurs parents », remarque-t-elle. Eux étaient spontanés, joyeux, heureux, et leur bonne humeur était communicative. Immanquablement, ces « pitchounets » lui rappelaient son petit bonhomme, son rouquin à qui elle a donné tout son amour. « Matthias aimait beaucoup les enfants. Je le voyais bien instituteur, parce que c'est un métier de fainéant, s'amuse Christine. Depuis la Syrie, il m'a un jour dit : "Ici, maman, les enfants ont perdu des pères et des mères, mais ils sourient." Ces gosses en Indonésie devaient leur ressembler. »

Sur la plage, Christine a écrit le prénom de son enfant à elle sur le sable. En grandes lettres capitales, bien dessinées. Pas trop près de l'eau, pour que les vagues ne viennent pas les effacer trop vite. « J'inscris son nom partout, c'est devenu un besoin vital pour moi », avoue Christine. C'est vrai aussi sur les plages françaises. « À Bali, j'ai été bercée dans la bienveillance pure. L'atmosphère y est extraordinaire. Les gens vous sourient comme si vous étiez potes depuis quarante ans ! Ils dégagent vraiment quelque chose de fort », décrit Christine, de retour en France. Elle a particulièrement aimé la « zénitude » de l'île indonésienne, où la méditation occupe une place importante dans le quotidien des quatre millions d'habitants. Comme dans le sien. Elle a suivi des cours de yoga sur des plages désertes. Ils lui ont fait beaucoup de bien, l'autorisant à se recentrer sur elle-même, à amasser de bonnes énergies qui ont continué à la suivre, au moins un temps. Pendant tout son voyage, Christine est restée à l'écart de ceux dont elle perçoit « la noirceur de l'âme ».

Mais la dure réalité a rattrapé Christine sans prévenir, beaucoup trop vite : « Une maman dont le fils est aussi parti en Syrie m'a téléphoné pendant mes vacances. Elle avait oublié que j'étais à Bali. Elle m'a demandé si j'étais en train de regarder telle ou telle émission sur le djihad… » Christine s'est mise à pleurer. Déjà qu'à la maison, elle ne regarde pas trop la télévision… Et ce voyage, elle l'avait justement pensé pour oublier, pour se changer les idées. Elle voulait se laisser surprendre par les villes bourdonnantes d'Asie – « Tout le monde klaxonne, roule à scooter sans casque ! Il faut savoir qu'à Bali, les permis s'achètent, les gens ne savent pas conduire ! » –, par les multiples facettes de l'île de Gili Trawangan – « Il y a un côté très jet-set, très branchouille, avec des magasins chics, des restaurants internationaux » – ou par la piscine à débordement de son hôtel au milieu des rizières – « simplement magnifique, en pleine jungle ». Elle comptait laisser en Europe ses tracas, mais par un simple coup de fil, ils la rattrapaient sans crier gare.

Une balade à vélo a mené Christine vers un village reculé où une fête était donnée. « Tout le monde était apprêté, les hommes portaient de beaux costumes, les femmes des dentelles colorées, décrit la voyageuse. Je suis arrivée en short, toute transpirante… Ça ne leur a visiblement pas posé problème ; ils ont adoré se faire photographier. Ils semblaient vraiment heureux. » Car parmi ses passions, Christine compte aussi la photo. Puis elle a enchaîné quelques courses à pied dans les rizières, un paysage très différent des chemins sinueux du Sud auxquels elle est habituée. Pour pimenter le tout, il faisait chaud et humide. « Je ne voulais plus rentrer. Je me suis dit que j'allais rester, et ouvrir une crêperie bretonne à Bali ! » avoue Christine, pourtant piètre cuisinière.

Le retour en France a été tellement ardu que la mère de famille n'est même pas capable d'affirmer que ce voyage lui a fait du bien. « Certainement, oui, admet-elle faiblement. Je suis peut-être un peu plus zen, mais je ne m'en rends pas vraiment compte. » Comme les âmes, Christine ressent les ondes, positives et négatives. Si toutes celles qui l'entouraient en Indonésie produisaient des bienfaits indéniables, elle ne pouvait en dire autant à son retour. Elle a retrouvé l'Hexagone empêtré dans d'importantes grèves, qui lui ont rallongé de plusieurs heures un trajet déjà long. Et la noirceur de la société contemporaine s'est vite imposée à elle, car dès le lendemain de son retour, le couple de policiers formé par Jean-Baptiste Salvaing et Jessica Schneider était sauvagement assassiné à son domicile de Magnanville. Un crime sordide revendiqué par l'organisation État islamique.

Si la décision n'avait été que la sienne, Christine ne serait pas partie en vacances à Bali, mais en Égypte.

Son compagnon de voyage jugeait la destination trop dangereuse. « Je suis un peu tête brûlée, je n'ai peur de rien, claironne Christine. Je ne tiens pas à la vie plus que ça. On n'est plus en sécurité nulle part, aujourd'hui, de toute façon. Le terrorisme, ce n'est que le commencement d'une longue histoire. » Quand son avion en direction de l'Indonésie a survolé la Syrie, Christine avait le nez collé au hublot. « Si j'étais allée en Égypte, j'aurais pris mon sac à dos, et je serais passée en Syrie », jure Christine. Elle ne détaille pas ses plans pour traverser Israël ou la Jordanie afin de rejoindre le pays d'adoption de son fils. Elle n'est probablement pas sérieuse, mais le ton de sa voix laisse planer le doute. Elle reprend : « J'irais bien le chercher. Je pourrais vraiment le faire. Mais il faut que je trouve quelqu'un qui parle arabe. Et puis, je ne suis même pas sûre qu'on me laisserait rentrer en Syrie. Je me suis un peu renseignée : on me dit que non, on ne m'autoriserait pas à dépasser la frontière… » Christine l'affirme : elle a toujours été attirée par l'Orient. « Mes amis se demandent parfois si le destin de Matthias ne s'est pas écrit à travers moi, témoigne Christine. Si cet attrait-là ne s'est pas reporté sur lui… » Elle n'en sait trop rien, mais dans tous les cas, elle ne veut pas laisser germer la culpabilité. Elle s'en veut déjà assez. Un jour, elle l'a même écrit à Matthias : « Je me suis toujours un peu sentie, en partie, responsable [de ton mal-être]. J'étais peut-être trop… Peut-être pas assez… » Elle-même ne sait pas très bien par quoi remplacer les points de suspension, de toute façon.

## Parents de djihadiste

Christine a envie de faire bouger les lignes ; elle souhaite créer une association de « Parents concernés » en France, dans la région de Narbonne. « Ce sera un groupe d'utilité publique, qui pourra peut-être changer les choses, qui ne défendra pas les intérêts personnels », résume-t-elle. Dans sa conception, qui repose sur la solidarité, le collectif entier serait mis en avant, et pas l'une ou l'autre mère. Ce défi ne l'effraie pas ; il ne serait qu'une expérience de plus à ajouter à son palmarès. Mais peut-être la plus significative. Aéronautique, architecture, alimentaire, tourisme ou parapharmacie, à 57 ans, Christine a touché à tout, ou presque. Alors, monter un groupe de parole ne lui semble pas être la mer à boire. Toutefois, avant de se lancer, elle réfléchit : « J'ai besoin d'une pause, je suis fatiguée. » L'entreprise de travaux publics dans laquelle elle a travaillé pendant les deux dernières années a été liquidée au mois de mars 2016. « Ma vie, c'est pas un conte de fées. » Christine essaye de positiver. Mais ce n'est pas facile tous les jours. Certains matins, même se lever s'avère compliqué. Christine rêve souvent de Matthias. Pas de belles histoires ; au contraire, ce sont des cauchemars qui la marquent au fer rouge. « Il est encore petit, on part quelque part, ensemble, et je lui dis "Dépêche-toi, Doudou, on va être en retard !" Et là, je me retourne vers lui, et il est en deux morceaux, avec sa tête qui pend d'un côté. » En fait, c'est même au réveil, après l'un de ces cauchemars sanglants, que Christine a pris la décision de s'envoler vers Bali. De changer d'air. Pour aller mieux. Et s'accorder deux semaines de conte de fées, amplement méritées.

## Lettre de Christine

« En fait, ça ne sert à rien que je te le cache plus longtemps, je suis en Syrie… »

Cette première phrase de ton premier vrai message depuis la Syrie, cinq mois après ton départ, résonne comme une très mauvaise plaisanterie… Une nuit de plus où je regarde le ciel étoilé en me demandant si toi aussi, tu scrutes les étoiles… Ton doux regard et ton sourire me manquent. Tout me manque. Un an et demi que tu es en Syrie… Neuf mois sans nouvelles… Et toujours les mêmes questions qui me taraudent… Toujours cette colère en moi face à un État et des politiques irresponsables qui ne protègent pas leurs citoyens. Et toujours ce chagrin profond ancré dans mon cœur.

Tu me manques tant.

Je ne peux me résoudre à imaginer ne jamais te revoir.

Matthias fait partie de ces jeunes qui, malgré des études, un travail et une éducation, ne se retrouvent plus dans cette société. Il n'y trouve pas sa place. Il est profondément humaniste, toujours en questionnement. La France et sa crise économique ne le font pas rêver… Il fait de la politique… Il milite chez les chrétiens mais ne trouve pas sa voie…

Tu as été abusé mentalement par des recruteurs fanatiques... Pourtant cette idéologie a fait écho en toi... Alors...

Alors... Je vous pose la question. Vous, les politiques, les décisionnaires qui êtes en charge des affaires de la France, comment se fait-il que vous n'ayez rien anticipé ? Vous qui êtes soi-disant brillantissimes, comment se fait-il qu'aucun n'ait pris la mesure du danger grandissant dans nos banlieues et partout en France, dénoncé d'ailleurs depuis des années par certains intellectuels ?

À la question « Avez-vous honte de votre fils ? », je réponds : « Non. J'ai honte de mon pays ! »
Honte de ce pays qui s'est déconstruit au fil des années... De Gaulle aura été le dernier père des Français.
Honte de ce pays dans lequel la jeunesse n'a plus de rêve, plus d'idéal.
Honte de ce pays qui ne protège pas ses enfants.

La France d'aujourd'hui vit au rythme de l'islam..., dirigée par un François Hollande bénéficiaire du « vote des musulmans ». Quelle aubaine, ce clientélisme... Aujourd'hui, ce n'est pas à l'islam de s'adapter à la nation française, mais à la France de s'adapter à l'islam. L'islam radical est le symptôme d'une société « malade » !

Nos services de renseignements ? Incapables d'anticiper cette idéologie islamiste portée par les réseaux sociaux et propagée dans les rues. Alors, je vous pose la question, et je m'interroge : sont-ils incompétents ou juste manipulés ? Des criminels recrutent sur notre territoire en toute impunité pour envoyer des gamins servir de chair à canon... Des imams, du fond de leur mosquée financée par l'Arabie saoudite, font des prêches à la haine en France...

Mais, messieurs les politiques, j'ai quelques réponses apportées par la DGSI. Bien sûr, il faut le dire haut et fort, pendant de nombreuses années et jusqu'à récemment, on a laissé partir tous ces jeunes sciemment ! Comment un Fabien Clain que l'on sait être très dangereux, en lien avec Olivier Corel, gourou de Merah, capable bien évidemment de projeter un attentat mais aussi prédicateur au discours bien rodé, recruteur connu, comment a-t-il pu échapper aux radars de nos services et partir avec Matthias en Syrie ainsi que toute sa famille ? Un convoi de trois voitures... Ils étaient soi-disant surveillés ; on savait où ils se réunissaient en Seine-Saint-Denis. Pour ma part, j'ai vu des photos de mon fils par les renseignements...

Alors je repose la question... On interpelle en France aujourd'hui des personnes pour des choses insignifiantes mais comment un Clain n'a-t-il pas pu être empêché de nuire ? Il faut arrêter de s'abriter derrière l'État de droit ; ça devient insupportable.

Jusqu'à quel point peut-on laisser faire en connaissance de cause ? Cela porte un nom : celui de la complicité. Et j'accuse le gouvernement d'être complice. Oui, messieurs les politiques, les gens dangereux, il faut les mettre hors d'état de nuire !!!

J'accuse nos politiques de nous mentir et de n'avoir rien fait contre cette menace...
J'accuse nos politiques de faire de la paix sociale...
J'accuse notre modèle républicain d'avoir occulté un phénomène de radicalisation qui était prévisible !

# Céline Schoen

Pour finir, je me range à l'opinion d'Edgar Morin concernant cette société qu'il faut refonder... Et pour cela, il faudra supprimer l'ENA, qui formate des hauts fonctionnaires... Ce n'est pas d'eux que nous avons besoin, que notre société actuelle a besoin, mais de grands hommes. Bien évidemment, ceux-là ne sortiront certainement pas de l'ENA ! Ceux-là auront l'intelligence de la vie, l'intelligence du cœur et seront dotés de « bon sens ».

Un peuple tout entier se résumant dans une personne morale d'une grandeur incomparable...
On a perdu nos repères, on a perdu notre identité, et moi j'aurai perdu mon fils.
Mais jamais je ne me tairai, parce ce que pour que mon fils, pour que sa vie gâchée ne serve pas à rien, je continuerai à dénoncer haut et fort en espérant éveiller toute la société !

Christine M.

# ÉLODIE[1]

> « *Celebrate good times, come on !*
> *It's a celebration[2].* »
> Kool & The Gang, *Celebration*, 1980.

« Votre histoire, madame, est l'une des plus diaboliques que nous ayons entendues jusqu'à aujourd'hui. » Élodie n'a pas trop su quoi répondre à ces enquêteurs eux-mêmes surpris par la violence de son témoignage, par l'ampleur des dégâts. Ce sont ces mêmes hommes – des « flics en civil, en jean et blouson de cuir, holster sous la veste » – qui lui ont appris que son fils, Luc, se trouvait en Syrie. Elle n'en avait pas la moindre idée. Dès lors, elle a commencé à y voir plus clair dans le jeu de son fils jusqu'alors, à assembler toutes les pièces du puzzle. Une fois entier, il n'était pas beau à voir. C'était le puzzle d'un cauchemar, d'une descente aux enfers raide à en pleurer.

---

1. Son prénom, ainsi que ceux de son fils et de sa petite amie, ont été modifiés.
2. « Célébrons ces bons moments, allez ! C'est une célébration. »

Élodie a mis au monde un « petit charmeur rusé » – ce sont ses mots –, un dragueur compulsif qui supportait mal qu'on lui tienne tête ; sa mère s'en est rendu compte dès que Luc a commencé à marcher et à parler. Sucreries, jouets, sorties : Luc savait obtenir ce qu'il voulait. Élodie a eu son bébé jeune, à 22 ans. Né en 1991 en banlieue parisienne, Luc grandit au son de la musique funk tant appréciée par ses parents, « toujours à fond la caisse ». Leur monde tourne autour de leur bout de chou, qu'ils couvrent d'attention, qu'ils couvent. Après la maternelle, Luc fréquente une école primaire publique, mais assez vite l'établissement ne convient plus à sa mère. Les histoires de racket de goûters se multiplient, et Élodie, mère attentive, a même entendu dire que les institutrices demandaient des dérogations afin que leurs propres enfants soient inscrits ailleurs. Luc est en CE2 quand il intègre finalement une autre école – privée et catholique, au sud de Paris.

Aux dires d'Élodie, l'établissement affichait complet, puisque Luc y a été admis deux mois après la rentrée scolaire, mais son fils si craquant a tapé dans l'œil de la directrice, qui lui a malgré tout ouvert une place : « C'est un coquin ! Il a retourné comme une crêpe la mère supérieure, s'amuse Élodie. Il savait y faire, mon fils ! C'est un personnage ! » Un personnage qui se retrouve emmailloté dans un uniforme bleu, *old school* au possible : « J'ai trouvé l'idée de la blouse excellente et juste, explique Élodie. Plus d'habits Tati ou Nike : tous les enfants sont sur un pied d'égalité. » Luc, lui, penche plutôt du côté Nike. « Il ne manquait de rien, assure Élodie. Avec mon mari, nous étions un couple bien installé, pas trop mal loti. »

Luc poursuit sa scolarité dans cet établissement catholique jusqu'à l'année de quatrième. Entre-temps, à 10 ans, il a demandé à suivre des cours de catéchisme, pour être baptisé. Son père (qu'Élodie décrit comme un véritable « bouffe-curé ») était plutôt opposé à cette idée. « Mais c'était le choix de Luc », rappelle Élodie. Luc est devenu catholique. « On a organisé une fête pour l'occasion, note Élodie. Luc, c'était un enfant-roi. Il a reçu des tas de cadeaux. » Mais en classe, la situation se gâte petit à petit. Luc est confronté à plusieurs épreuves (maladie, décès choquant d'un proche), dont la violence et le traumatisme sont tels qu'Élodie préfère résumer : « Luc avait des fêlures. Ce n'était pas un gamin indemne. » De ces années douloureuses, l'adolescent plongé dans des problèmes d'adulte sort fragilisé. « Et Luc a commencé à tourner un peu *wesh-wesh*, comme on dit », commente Élodie, bien embêtée quand son fils finit par se faire virer du collège pour insolence. Elle le réinscrit d'urgence dans un autre établissement, où il se tient à carreau jusqu'au brevet, en fin de troisième. Puis se lance dans un apprentissage. Élodie pense que Luc est à nouveau sur les rails, elle souffle un peu. Lui travaille en alternance dans un showroom ; il y vend des canapés à prix d'or.

« Un soir, Luc est rentré à la maison avec un billet de cent euros en poche, relate Élodie. J'étais un peu catastrophée parce que en apprentissage, on ne gagne pas des mille et des cents. Il n'était certainement pas tombé sur ce gros billet vert en traversant la rue, et il avait des copains de banlieue pas des plus fréquentables… » Mais Luc n'a rien à se reprocher : ces cent euros ne sont autres qu'une « prime » accordée par son patron de l'époque, à l'issue d'une vente rondement menée par l'adolescent – un canapé, à huit ou neuf mille euros. Le jeune homme avait noué une relation particulière avec son supérieur ; ce dernier avait l'impression de retrouver l'adolescent qu'il avait été. Il l'aimait beaucoup et croyait en lui. Il avait pris Luc sous son aile ; il disait de lui qu'il était capable de vendre des réfrigérateurs à des Esquimaux. « Il y avait quelque chose de fraternel entre eux, témoigne Élodie. Le problème, c'est que quand la boutique s'est ramassée, Luc a été vraiment dégoûté. Il s'était trouvé une figure paternelle, un grand frère… » Élodie, qui a divorcé en 2007, pense que Luc a manqué d'un modèle masculin.

Après cette première expérience en alternance, qui a duré un peu plus d'un an, le jeune homme se découvre une nouvelle vocation : la plomberie. « J'avais lu un article qui parlait d'un plombier qui gagnait quatre mille euros par mois, explique sa mère. Luc m'a dit en riant qu'à ce prix-là, lui aussi voulait bien mettre les mains dans la merde ! » Il décide alors d'intégrer une école de plomberie, en alternance toujours. « Les métiers qui sont tombés en désuétude après les années quatre-vingt étaient de bons filons. J'étais contente de son choix, commente Élodie. T'es Dieu sur terre si tu sais déboucher des toilettes, un dimanche, quand aucun plombier n'est disponible ! » Luc signe un contrat auprès d'un patron prêt à l'accueillir. Mais assez vite, ce dernier reproche à ce nouvel apprenti son impatience. Lui qui s'imaginait raccorder des tuyaux à tour de bras se retrouve à passer le balai toute la journée. Pour ne rien arranger, il a l'impression que ses camarades de classe se voient confier beaucoup plus de responsabilités. « Il était déçu ; il n'arrêtait pas de répéter qu'il n'était pas un larbin, que c'était de l'exploitation », soupire Élodie.

Et voilà que Luc annonce qu'il met un terme à sa formation de plombier. « Je lui ai dit que c'était hors de question, se rappelle Élodie. Mais dès le lendemain, il est revenu m'annoncer qu'il avait décroché un contrat à durée indéterminée au McDo, pour limiter l'engueulade. Il était malin. Il ne restait jamais longtemps sans boulot. » Luc s'est rapidement vu proposer un poste de manager dans la célèbre chaîne de fast-food, qu'il a refusé. Auprès d'Élodie, il s'est justifié : « Tu fais ce boulot un temps, mais je ne me vois pas faire ça toute ma vie. » Luc a alors voulu intégrer une entreprise publique, dont l'accès est soumis à concours. « Il s'est planté à mi-parcours, à un oral, regrette Élodie. Il disait qu'il n'était bon à rien, qu'il galérerait toute sa vie. Je lui disais que c'était faux, que ce n'était pas si grave, que c'était son amour-propre qui avait mangé, qu'il se représenterait la prochaine fois, mais il était tellement démotivé… Il pleurait comme un bébé. » Un bébé de 1,85 mètre pour 90 kilos, un bébé auquel Élodie n'arrive qu'au menton, un bébé perdu. « Voir son garçon se blottir dans vos bras en sanglotant comme lorsqu'il était petit fait mal, admet Élodie. Je me sentais impuissante. » Le job suivant de Luc n'est pas mieux payé que les précédents : il trouve une place en tant que préparateur de commandes dans une société qui livre à domicile les clients des grandes surfaces : « Mon fils n'a jamais été un plat de nouilles trop cuites », commente Élodie. Par là, elle signifie qu'il est volontaire, qu'il ne se laisse pas vivre. Elle ajoute : « Il se démenait pour trouver un emploi. Il n'avait pas de diplômes, mais il arrivait toujours à se débrouiller. »

La vie de Luc, alors jeune adulte, ne se résume pas à ces petits boulots insipides et mal payés – le Smic, jamais plus. Il y a aussi Selena, celle qui lui fait tout oublier, qui brise adroitement sa carapace et laisse éclore les failles du grand garçon. « Luc et Selena étaient deux gros bébés amoureux, fusionnels », observe Élodie. Selena est une petite brune d'origine marocaine, « mignonnette, souriante et un peu ronde », selon Élodie. Luc et Selena se sont d'abord installés ensemble. Puis Luc et Selena ont eu un bébé ensemble. Et Luc et Selena sont partis en Syrie, ensemble.

Selena n'était pas la première petite amie de Luc. Sa mère lui connaît deux autres histoires sérieuses. D'abord, avec une jeune fille, dont Élodie garde un fantastique souvenir : « Quand elle souriait, elle aurait pu faire fondre la banquise. Elle tirait Luc vers le haut ; elle avait beaucoup d'humour, elle lui disait : "Je ne pourrai jamais te quitter, j'aime trop ta mère !" susurre Élodie. Je regrette d'avoir perdu le contact avec elle quand les deux se sont séparés, après un an d'histoire. Je ne sais pas pourquoi ça a *clashé* ; peut-être qu'elle a senti que quelque chose n'allait pas, chez Luc. Peut-être qu'elle sait des choses… »

Puis Luc a eu une relation avec une autre fille – elle aussi brune à la peau mate – qu'Élodie ne portait pas franchement dans son cœur : « Elle, c'était une erreur de casting. Elle était en fac de médecine. Hautaine au possible, pompeuse, ni simple ni naturelle, alors que lui est si cool. » Quant aux autres aventures de Luc, elles ne valaient manifestement jamais la peine d'être dévoilées à Élodie. Présenter une petite amie à sa maman chérie, ce n'est pas rien – d'autant plus pour un jeune homme pudique comme Luc, qui, bien que très proche de sa mère, se voulait particulièrement discret sur sa vie sentimentale. « Il est fils unique, son père est fils unique, moi je suis fille unique. Chacun était habitué à avoir son espace vital. Il a donc un besoin tout particulier de voir sa vie privée respectée, éclaircit Élodie. D'ailleurs, quand j'essayais d'en savoir plus, il me rabrouait toujours, et râlait : "Maman, arrête de me poser des questions, c'est ma vie privée, ma vie privée !" » Elle détache chaque syllabe – « vie pri-vée, vie pri-vée » – maudissant l'art du secret hautement maîtrisé par son fils.

Selena aussi est brune. « Il les aime comme cela, devine Élodie. Moi je suis claire comme les blés, peut-être qu'il associe les cheveux blonds à la figure maternelle. » Plus jeune, Luc était fou amoureux de la chanteuse Hélène Ségara. « Luc craquait plus sur l'attitude que sur le physique et la beauté à proprement parler. En désignant certaines filles, il me disait : "Regarde comme elle a du charme !" » sourit Élodie. Selena a quatre ans de moins que Luc. Comment est-elle entrée dans sa vie ? Élodie l'ignore. « Peut-être grâce à adopte-un-djihadiste. com », trouve-t-elle la force de plaisanter, se référant à Adopte un mec, un site de rencontre français. « Selena est gentille… Elle est douce, un peu effacée. Selena, elle m'attendrit, mais elle m'exaspère aussi. Elle manque de caractère à mon goût. Elle est également excellente comédienne. Si seulement je l'avais compris plus tôt… »

Quand Luc a rencontré Selena, il était déjà musulman. Il s'est converti en 2011, l'année de ses 20 ans. À ce moment-là, il lui reste trois années à passer en France. « Sa radicalisation a été lente et progressive, frissonne Élodie, qui a intégré le vocabulaire usité par les spécialistes de l'embrigadement idéologique. On continuait à discuter, à rire, à s'engueuler, clope au bec. Il dansait toujours comme un fou sur nos bons vieux classiques funk. Il buvait un Orangina ou du Coca quand je m'offrais un verre de rosé à l'apéro, sur le balcon. Ça ne lui posait pas de problème. C'est peut-être pour cela que je n'ai rien vu arriver. Il n'avait pas vraiment changé, en fait. Il était juste plus calme et plus posé. » Élodie se souvient quand même de disputes très pimentées dues à des conflits d'horaire : elle supportait mal ses ablutions nocturnes qui réveillaient toute la maisonnée. Et puis, quand il enfilait sa djellaba pour se rendre à la mosquée, même si elle ne se trouvait qu'à deux rues de là, Élodie n'assumait pas vraiment le fait qu'il traverse la résidence dans cette tenue. « Ne sors pas comme ça, ça ne regarde pas les voisins », le tannait Élodie. La réponse du jeune converti était toujours la même : « Ce n'est pas là l'essentiel. » Élodie ne sait pas quel facteur a poussé Luc vers l'islam. « Son meilleur ami est musulman, mais d'après la police, le gamin poursuit ses études et est loin de tout ça. C'est quand même forcément dans son entourage amical ou professionnel que Luc a été sensibilisé à la religion musulmane, sans doute modérée, réfléchit Élodie. C'est après que ça a dérapé. Je donnerais n'importe quoi pour retrouver celui qui l'a embarqué là-dedans, mais je ne sais même pas par où commencer à chercher. »

Selena et Luc louent donc un logement en banlieue parisienne, en mai 2013, un an avant leur départ. « Je n'y tenais pas, se souvient Élodie. Je disais à Luc de mettre de l'argent de côté. » Mais la mère aimante finit par craquer, et, avec l'aide de sa propre mère, finance l'appartement, « un beau studio, mais dans un endroit glauque ». Élodie précise : « Finalement, Luc et Selena passaient le plus clair de leur temps dans le cent mètres carrés de ma mère. » Selena tombe rapidement enceinte, mais tarde à l'annoncer. « Ma mère a toujours eu un instinct très développé. Elle a vite compris que Selena attendait un enfant. Mais elle, elle jurait que non ! Elle sait très bien mentir, rumine Élodie. Ma mère a trouvé la bonne formule : "Gueule d'ange, petite peste." » Car la vaste supercherie est déjà en marche, orchestrée par deux savants manipulateurs qui usent et abusent de mensonges et d'artifices au profit de leur « guerre sainte », dans le but de quitter Paris à l'insu de leur famille.

Quand Selena admet finalement qu'elle attend un enfant, ni Élodie ni sa mère ne bondissent de joie : « Selena ne travaillait pas, elle était tout juste majeure, elle ne se bougeait vraiment pas les fesses. J'avais envie de la secouer et de lui dire "Va bosser, ma grande !" On faisait un peu la gueule, ne cache pas Élodie. On s'est dit qu'on allait devoir assumer le gamin, qu'ils seraient toujours dépendants de nous financièrement. » Mais en attendant l'heureux événement, Élodie et sa mère ne résistent pas à l'envie de gâter les futurs parents, achetant poussette et landau, et comptant les jours qui les séparaient encore de l'arrivée du bébé.

Alors que Selena est enceinte de six mois, elle et Luc annoncent qu'ils partent au Maroc, dans la famille de Selena. La première réaction d'Élodie n'est pas tendre : « Va falloir grandir un peu, vous allez avoir un bébé, un bé-bé ! Ce n'est pas le moment de prendre des vacances ! » Mais Luc se montre très persuasif ; il avance que justement, dès qu'ils seront trois, ils n'auront plus de temps pour leur couple, ni de moyens financiers, alors autant en profiter maintenant. « On avait deux gros bébés sur les bras, et un troisième arrivait. Et puis, ils n'avaient soi-disant pas d'argent pour préparer le trousseau du petit, mais pour partir au soleil, là soudain, ils en avaient ! » ressasse Élodie. Mais elle se laisse amadouer : « Les dernières vacances de Luc remontaient à trois ou quatre ans auparavant. Nous étions partis tous les deux aux Baléares. Depuis, il n'avait fait que bosser. Alors que depuis gamin, il était habitué à partir en vacances au bord de la mer tous les étés. Je me suis dit que ce n'était pas évident, qu'il avait peut-être effectivement besoin d'une coupure. » Et Luc et Selena s'envolent.

« Pour moi, ils allaient rentrer, c'était évident ! » témoigne Élodie. Il n'était question que de courtes vacances au Maghreb, il n'y avait vraiment pas de quoi en faire tout un plat. Tout lui semble « normal ». Luc n'a pas emporté son téléphone portable. Sa mère pense simplement qu'il veut éviter les factures exorbitantes dues à des consommations hors forfait inconsidérées. Il lui a donné un autre numéro sur lequel le contacter – et décroche au quart de tour. Élodie et Luc s'appellent beaucoup. Il lui raconte combien ce séjour leur plaît, à lui et à Selena, à quel point il les requinque. Il lui décrit ce beau *riad* marocain dans lequel ils passent de merveilleux moments. Il parle de la pluie, peu, du beau temps, beaucoup. Et ajoute toujours : « Tu me rejoins quand tu veux, maman. Le Maroc, c'est pas loin ! » Élodie fulmine : « On ne prend pas l'avion comme on prend le RER… » Le temps file, Luc et Selena prolongent leur séjour. Au téléphone, Élodie s'énerve. Après un mois : « Mais hé ho, Luc, t'as combien de vacances ? » Après un mois et demi : « Personne n'a droit à autant de jours *off*, même en CDI. Qu'est-ce que tu fiches ? » Après deux mois : « C'est plus possible… » Enfin, Luc se décide à parler : « Il m'a dit : "Maman, faut que je te dise un truc : on va rester au Maroc encore un petit moment" », se remémore Élodie avec amertume.

Ce « truc » à dire était bien différent ; il aurait plutôt dû ressembler à : « Maman, on part en Syrie, et on ne reviendra pas de sitôt. » Selena et Luc n'étaient pas au Maroc, mais en Turquie, en train de se préparer à la traversée de la frontière. Mais Luc n'avait aucune intention de dire la vérité à Élodie. Peut-être pour la protéger, peut-être pour se protéger. Au contraire, il en rajoute une couche : « Ici, je suis le roi du pétrole, t'imagines même pas, maman ! On n'a rien à payer, c'est vraiment *fingers in the nose*, je mets un max de blé à gauche, et après je rentre. » Élodie est perplexe. Perplexe et triste. Perplexe, triste et interloquée. Elle veut être auprès de son fils. Mais que dire, que faire ? Elle doit bien s'accommoder de la situation. « D'autant que son histoire tenait la route, et ce n'était pas si bête de vouloir économiser et revenir à Paris ensuite... Oui, ça tenait la route, et j'ai fait avec, déclare-t-elle. Ça allait. Si ce n'est qu'il était à distance. » Quant à Luc, il demande à sa mère de l'aide pour remplir une demande de logement HLM à Paris, ce qui la conforte dans l'idée que ce séjour au Maghreb n'est que ponctuel.

Avec le recul, Élodie se rend bien compte de l'énormité du mensonge : Luc avait abandonné son portable pour ne pas être traqué. « À l'époque, je n'avais pas de raison de m'intéresser aux indicatifs téléphoniques. Je n'avais aucune raison de penser qu'il n'était pas au Maroc, explique Élodie. Tout ça, ce n'est venu qu'après, une fois que je savais. » Luc et Selena avaient pris grand soin de tenir leurs parents éloignés les uns des autres, afin qu'ils ne puissent pas comparer les versions des faits. Dans le cas contraire, Élodie n'aurait pas mis longtemps à comprendre que le couple ne résidait pas dans la famille de Selena au Maroc. Quant au décor – la maison, le village –, il existe bien du côté de Selena, mais Luc n'en a jamais vu la couleur. Élodie pleure : « Entre la demande de logement, les vêtements pour bébé, Selena en extase devant la layette, tellement de trucs d'avenir, pas une seule seconde je n'aurais pu imaginer que cela se passerait autrement. » Que les vacances de son fils n'étaient pas synonymes de farniente « pré-bébé », mais de djihad.

*

La fille de Luc et de Selena a vu le jour durant l'été 2014, à Istanbul, en Turquie. Quarante-huit heures avant la naissance, Élodie était encore en compagnie des futurs parents ; elle a raté de peu le grand moment. Élodie, Luc et Selena ont passé une semaine ensemble sous la chaleur stambouliote, grâce à quelques petits arrangements avec la vérité échafaudés par le couple – il n'était plus à quelques bobards près. Élodie explique : « Luc me disait qu'il bossait avec l'oncle de Selena au Maroc, dans l'import-export de peaux et de cuirs, pour la fabrication de maroquinerie. Il m'avait expliqué qu'un grand Salon se tenait à Istanbul, auquel il devait se rendre dans le cadre de son travail. Il m'a donc proposé que l'on se rejoigne tous en Turquie. » Élodie a accepté, ravie à l'idée de revoir son fils.

« On était à la plage, on a visité Sultanahmet de fond en comble, se souvient-elle. On s'est baladé partout, dans les marchés, dans les parcs… Il faisait une chaleur à crever. Selena était à bout, sur le point d'accoucher, mais elle ne se plaignait pas. Elle était ravie d'être là. Nous étions de parfaits petits touristes ! Ces vacances étaient des plus normales. Luc m'avait offert une entrée au hammam pour mon anniversaire. Ils priaient, tous les deux, mais puisque c'était déjà le cas en France, je n'étais pas étonnée qu'ils le fassent en Turquie. » Élodie n'a pas décelé une once de changement dans le comportement, dans les attitudes de son fils. Luc portait ses survêtements habituels, n'arborait pas de barbe, juste un petit bouc « à la Pascal Obispo ». Son éternelle casquette Nike était vissée sur son crâne. Il fumait. Élodie ne s'est jamais débarrassée non plus de cette mauvaise habitude. « Sur le balcon de l'appartement où on était à Istanbul, en douce de Selena, il grillait des cigarettes avec moi, raconte Élodie. Je l'entends encore : "Tu payes ta clope ? Tu payes ta clope ?" Il me rappelait mon fils avant qu'il ne se radicalise, même si je n'en avais pas encore conscience à ce moment-là. » Le jour du départ d'Élodie, il avait aussi insisté pour qu'elle lui cède son paquet. « C'était mon gamin, résume sa mère. Cela me rassurait, et n'avait rien à voir avec un islam sévère. Je n'étais pas une spécialiste de la radicalisation : les signes qu'on disait éventuellement décelables ne se voyaient pas chez lui. Mais à l'aéroport, quand je suis repartie, j'aurais dû voir qu'il était plus triste qu'il n'aurait fallu. Je n'ai pas compris qu'il faisait le mariole pour cacher son émotion. Il savait qu'il ne me reverrait pas. » Élodie n'avait qu'une obsession : que Luc rentre en France.

Un soir, alors qu'Élodie était toujours en visite à Istanbul, leur appartement a été plongé dans le noir complet par une coupure de courant. Ni une ni deux, Luc était descendu dans l'un de ces magasins ouverts toute la nuit, pour acheter des bougies. L'ampoule sur le palier, dans le couloir, à l'extérieur de l'appartement continuait de fonctionner, à condition de rester près du détecteur. Élodie a demandé à Selena de maintenir la lumière allumée – le temps qu'elle retrouve son sac à main pour en extirper un briquet. En laissant la porte d'entrée ouverte, la lumière du couloir passait jusqu'au salon. Mais Selena a refusé : elle était en petite tenue. Et si un voisin décidait justement de sortir à ce moment-là ? Élodie est entrée dans une colère noire. Pour ne rien arranger, elle s'est cogné l'orteil contre un meuble. Franchement en rogne contre Selena, Élodie a quand même mis de l'eau dans son vin lorsqu'elle s'est rendu compte que la jeune femme était au bord des larmes. À son retour, Luc a bien senti que l'atmosphère était tendue. Élodie lui a rapidement exposé la situation. Lui aussi semblait exaspéré par le comportement de Selena, et lui a lancé : « T'es con ou quoi ? Et s'il y a le feu, tu te laisses cramer en attendant que je vienne te chercher ?! » Selena n'a rien répondu. Élodie a calmé le jeu, l'électricité est finalement revenue, et la tension est descendue. Exception faite de ce sombre épisode, cette parenthèse turque était tout à fait charmante. Et Selena agréable à vivre : « Elle était vraiment tendre, raconte Élodie. À la fin du séjour, elle a fondu en larmes parce que je lui avais offert un petit tee-shirt à la mode. Luc aussi lui en avait acheté un ; il la gâtait.

Elle était toute folle, une vraie gamine. Elle a joué les mannequins en défilant devant nous dans ses nouveaux vêtements, dans le salon. Elle et Luc, ce sont des anges et des démons à la fois. »

Élodie a besoin de comprendre. « Je pense qu'en me faisant venir en Turquie, Luc voulait me dire adieu, démêle-t-elle. Il espérait sûrement que le bébé naisse quand j'étais sur place. » Sur les photos du nourrisson que Luc lui a envoyées, Élodie a bien reconnu l'appartement à Istanbul. « Au moins, Selena n'a pas accouché en Syrie », se rassure-t-elle. Avec ses cheveux bruns et bouclés, le bébé ressemble beaucoup à sa mère. « Mon fils m'expliquait qu'ils ne rentreraient pas en France immédiatement parce qu'ils n'avaient pas envie de prendre l'avion avec la petite, que cela pouvait être dangereux pour elle, reconstitue Élodie. Là encore, je trouvais qu'il n'avait pas complètement tort. » Pendant le séjour à Istanbul, Luc avait esquissé l'idée de retenter le concours qu'il avait raté en beauté. Cette perspective plaisait à Élodie, et surtout, lui laissait plus que jamais penser qu'un retour était concrètement envisagé.

De la naissance du bébé jusqu'au début de l'hiver 2014, Élodie et Luc se sont parlé régulièrement. Puis a suivi une longue période pendant laquelle Élodie est restée sans nouvelles. Elle passait des heures, les yeux dans le vide, à espérer voir son téléphone sonner ou Skype s'allumer. Quand il a renoué le contact, Luc s'est platement excusé, prétextant que les cybercafés de la ville – facturant quelque cinquante centimes les quatre heures de surf – étaient constamment pris d'assaut. Il lui a aussi fait part de problèmes d'argent : « Avec la petite, j'ai plus de thunes ! » Et l'a mise en garde : « C'est chaud, je vais pas pouvoir te joindre très souvent à l'avenir. » Élodie ne pouvait de toute façon pas le forcer à téléphoner ; elle n'avait qu'à accepter cet état de fait. *A posteriori*, elle pense que c'est en décembre 2014 que Selena, Luc et leur bébé ont traversé la frontière syrienne pour écrire une nouvelle page de leur histoire – sans Élodie, loin de ses idées, de son mode de vie. Elle suspecte aussi qu'à son arrivée en Syrie, Luc a suivi un entraînement, dans un camp, pendant un mois environ : « Tous les hommes doivent passer par là », croit savoir sa mère, qui se refuse à spéculer sur ce que Luc a pu y apprendre.

À la fin du mois de juillet 2015, Élodie vient à peine de changer de poste au sein de son groupe quand elle découvre, de manière choquante et douloureuse, la double vie de son fils. Son téléphone, au bureau, est relié à son Digicode, à la maison. Elle peut donc contrôler l'accès à sa résidence depuis son mobile. Son téléphone sonne : quelqu'un se trouve devant sa porte. Ils sont deux, plus précisément – deux représentants des forces de l'ordre (elle ne sait pas encore qu'il s'agit de la police criminelle) qui la réclament. Élodie explique tant bien que mal qu'elle n'est pas chez elle ; le duo ne saisit pas comment elle peut leur répondre si elle n'est pas dans l'appartement. Le ton monte. Élodie est terrorisée : elle est persuadée qu'il est arrivé malheur à sa mère. Elle est loin du compte. Ils le lui font rapidement comprendre : « On est là pour Luc. » Le sang d'Élodie ne fait qu'un tour : « À ce moment-là, j'ai vu toute ma vie en accéléré. Comme dans un film. Et je me suis dit : "C'est pas possible." » Mais si, cela était possible – et terrible. Élodie quitte alors son bureau en catastrophe, obligée de se présenter à une audition improvisée. On lui reproche de n'avoir jamais composé le numéro vert anti-djihad : « Je n'avais jamais pensé que mon fils pouvait être en Syrie », promet-elle. En face, on peine à la croire. Huit heures d'audition plus tard, les enquêteurs y voient plus clair : Luc et Selena ont si bien ficelé leur histoire que la bonne foi d'Élodie ne fait plus l'ombre d'un doute.

Les interrogatoires se multiplient, avec une Élodie décomposée. Elle ne va plus au travail. « Ils m'ont fait tant de mal, même si je sais qu'ils n'avaient pas le choix, soupire Élodie. Un jour, quand même, les policiers ont fait un beau geste. Ils m'avaient demandé de venir avec ma mère. Juste cela. Rien de plus. Je ne savais pas pourquoi. Quand nous sommes arrivées, ils étaient souriants. J'ai pensé qu'au moins, ils n'allaient pas nous annoncer que mon fils était mort au combat. Je me suis dit : "Luc et Selena sont là. Je vais les voir passer menottés, mais ils sont là." Mon cœur battait à mille à l'heure. En fait, je m'étais monté la tête. Ils n'étaient pas là. Mais la mère de Selena nous a été présentée. » Le portrait craché de sa fille. Élodie l'a reconnue tout de suite. Elle se souvient à peu près des paroles des enquêteurs – quelque chose comme : « On voulait vous réunir parce que ce n'est plus supportable de vous voir crever chacune de son côté. »

Enfin les deux mères ont pu échanger, confronter leurs versions, et pleurer. Les larmes coulaient, impossibles à retenir. « La mère de Selena m'a dit que sa fille lui avait expliqué que Luc était mort au combat pour pouvoir lui demander plus d'argent, retrace Élodie. À ce moment-là, en entendant de telles paroles – « Luc était mort au combat » –, j'ai failli perdre connaissance. Ces quatre mots étaient trop douloureux. J'avais parlé à mon fils la veille, je savais qu'il était en vie, mais j'ai quand même eu trente secondes de panique. » C'était si dur. Leurs enfants se révélaient être de savants menteurs, de monstrueux finauds qui s'étaient joué d'elles sur toute la ligne. Pour l'une comme pour l'autre, il faudrait du temps pour l'accepter. « Ils nous ont complètement endormies », lâche Élodie. À l'époque, elle continuait de communiquer avec Luc et avait choisi de ne pas lui dire qu'elle savait la vérité. Pas un mot sur ces entrevues avec la police, sur la rencontre avec la mère de Selena, sur les chocs en cascade ainsi provoqués. Jusqu'à aujourd'hui, elle lui a souvent laissé entendre qu'elle était probablement sur écoute mais n'a jamais clairement évoqué ses entretiens avec la police. « J'ai une peur bleue qu'il ne veuille plus me parler si je lui dis la vérité », explique-t-elle. Elle prétendait croire Luc quand il montait de toutes pièces des éléments fantasmés de sa vie quotidienne. Elle tentait de le protéger, à distance. Elle était prise dans un dilemme atroce : d'un côté, elle voulait l'aider financièrement, car elle était convaincue qu'au sein de l'organisation État islamique, ceux qui partaient au combat dans le but d'être payés étaient ceux qui n'avaient plus d'argent. Elle voulait éviter à son fils d'être de ceux-là. De l'autre, les autorités réfutaient strictement ce raisonnement, et interdisaient à Élodie d'agir de la sorte. « J'étais manipulée à la fois par mon fils et par la police », soupire la mère blessée.

Pour faire réagir son fils, Élodie est passée par tous les stades – de la culpabilisation jusqu'au chantage au suicide. « C'est pas joli joli », concède-t-elle. Mais une manière comme une autre de pallier l'absence. Et puis, elle a fini par lâcher le morceau : voilà, elle savait tout – la Syrie, la guerre, le djihad –, alors autant jouer franc jeu. Luc aussi s'est montré sans fard et spontané, et a détaillé concrètement à sa mère toutes les raisons qui le retenaient de faire demi-tour, de quitter la Syrie et de revenir en France. « Il me disait que s'il rentrait, il allait prendre trente piges, explique Élodie. Je lui promettais qu'il ne serait pas seul, que je ne l'abandonnerais jamais – quitte à lui rendre visite au parloir. » Elle tient à ajouter : « Cela ne veut pas dire que je cautionne ses choix. Il ne faut pas être naïf : bien sûr qu'ils ont tous tenu une arme, là-bas. » Luc avançait aussi qu'il ne voulait pas que sa fille l'appelle « monsieur », dans l'hypothèse d'un retour assorti d'une lourde peine de prison. La nature des sanctions pénales encourues le taraudait manifestement ; il était allé jusqu'à demander à Élodie de se renseigner : que se passerait-il si, pendant un éventuel procès, il maintenait qu'il avait obligé Selena à le suivre en Syrie ? Ces questions inquiétaient Élodie : et si Selena rentrait seule en France – ou avec le bébé – mais sans Luc ?

Ces multiples interrogations peuvent laisser penser que Luc a exploré toutes les possibilités en vue d'un retour. Mais Élodie ne veut pas trop espérer. Pourtant, d'autres éléments, encore plus probants, appuient cette théorie. Luc a demandé à Élodie de lui photographier toute la maison : le salon, la cuisine… Même les toilettes. Quand il a vu qu'elle avait fait de sa chambre une sorte de débarras, Luc s'est exclamé : « T'as cru que c'était le grenier ou quoi ? » Élodie est incapable de ranger cette pièce. Elle poursuit : « Il n'arrêtait pas d'envoyer des smileys souriants et d'écrire cette phrase : "Ma maison, ma maison !" » Plus surprenant encore, Luc a demandé à sa mère de prendre en photo l'intérieur de son réfrigérateur. Ce détail lui fait froid dans le dos : Luc ne mange-t-il pas à sa faim en Syrie ?

Mais parallèlement, Élodie a souvent eu la désagréable impression de dialoguer avec un inconnu. Ce n'était pas Luc ; ce n'était pas possible. Son interlocuteur répondait parfois aux messages par d'interminables versets du Coran. Si Élodie menaçait de mettre fin à ses jours s'il ne rentrait pas en France, son fils jurait, détaché, que dans ce cas, il prierait pour elle. Comme les autres parents plongés contre leur gré dans l'univers du djihad, Élodie s'est beaucoup documentée et a creusé le mode de fonctionnement de l'organisation État islamique. Grâce à des lectures et des documentaires à gogo, elle a mieux compris l'attitude de son fils. Mais plus que tous les chercheurs et experts du califat autoproclamés, c'est Luc lui-même qui a su lui prouver que, sur son sol, tout ne dépendait pas toujours de son bon vouloir, qu'il était contrôlé. Pour comprendre comment il s'est discrètement confié à sa mère, il faut remonter à l'enfance de Luc : son père, l'ex-mari d'Élodie, avait un certain penchant pour l'alcool. Quand il rentrait à la maison d'humeur agressive, Luc et Élodie avaient un « code » qui leur permettait d'évaluer dans quel état était l'homme. S'il valait mieux se tenir à carreau, l'un des deux parlait de leur chien : « T'as sorti le chien ? Le chien a déjà mangé ? Tu sais où est le chien ? Je vais secouer la couverture du chien… » Entre eux, n'importe quelle remarque en rapport avec leurs animaux signifiait qu'il fallait se taire, qu'ils ne pouvaient pas parler. L'ex-mari était du type violent – du moins verbalement. Un jour, alors que les réponses de Luc étaient particulièrement abstraites, Élodie, n'y tenant plus, a ordonné à son fils : « Luc, dis-moi que c'est vraiment toi. Raconte-moi n'importe quoi qui me le prouvera ! » Et Luc, parmi tous leurs souvenirs communs, d'égrainer le nom de tous leurs chiens, depuis sa naissance. « Il aurait pu choisir n'importe quelle autre anecdote ! s'exclame Élodie. J'ai immédiatement compris : il ne pouvait pas parler, il était surveillé. Quand il s'est déconnecté, j'ai craqué… »

À la fin de l'année 2015, Noël approchait, et avec son franc-parler habituel, Luc s'est plaint auprès d'Élodie des conditions de vie en Syrie : « Il fait trop froid, aurait-il geint. J'ai plus de pompes, et j'ai grossi. On voit la raie de mon cul dès que je me baisse, on dirait mon ex-patron à quatre pattes sous un évier ! » Il a expliqué à sa mère que Selena et lui n'avaient plus un sou, qu'ils avaient « tout vendu » – même la poussette du bébé. Alors, Élodie a eu envie d'envoyer un colis en Syrie. Elle a songé à empaqueter des bodys en taille dix-huit mois, des Carambar, des Malabar. Chez Décathlon, le magasin de sport préféré de son fils, elle a repéré une belle paire de baskets Asics. Sur l'application de messagerie instantanée qu'elle utilise pour communiquer avec Luc, elle lui a envoyé une photo des chaussures. Sa réponse n'a pas tardé : « C'est une tuerie ! » Le Luc qu'Élodie connaissait accordait beaucoup d'importance à l'apparence : « Il disait toujours qu'il se mettait en mode "beau gosse", par exemple quand il passait trois jours d'affilée à la salle de sport. Parfois, il s'enfilait quatre boîtes de chocolats d'un coup, puis il grognait et répétait : "Je suis trop pourri". Alors il ne mangeait plus que de la salade pendant dix jours. À force de grossir et de maigrir, il avait des vergetures sur le ventre. » Élodie a pensé à une petite attention toute personnelle : un paquet de bonbons Célébrations – le péché mignon de son grand garçon. « Je te prépare une surprise ! » lui a-t-elle annoncé, incapable de résister. Elle se doutait bien de la rareté, en Syrie, des caramels mous et autres rochers saveur coco. Il trépignait de savoir de quoi il en retournait. Alors Élodie lui a glissé un indice, tapant sur son portable la première phrase d'un morceau phare de la culture funk : *Celebration*, de Kool & the Gang, un groupe américain au sommet de sa carrière à la fin des années 1970. « *Celebrate good times, come on !* » Luc n'a pas été long à comprendre – et à se réjouir du régal qui l'attendait. Mais Élodie s'est vite rendu compte qu'il était impossible, dangereux et illégal d'envoyer un paquet en Syrie. Elle reste néanmoins bouleversée par cette expérience : « C'était très étrange de faire des courses de Noël pour mon fils, pour sa fille, comme s'ils étaient là. Alors qu'ils étaient en Syrie. »

Le dimanche de la fête des mères, le 29 mai 2016, le téléphone d'Élodie a sonné : c'était Luc. Depuis la mi-janvier, il ne lui avait pas parlé et, à l'évidence, Élodie se faisait un sang d'encre. « Maman, c'est moi… » Ces trois mots qu'elle avait tant attendus l'ont complètement bouleversée : « D'un coup, c'était les grandes eaux », sourit-elle faiblement. Elle était particulièrement inquiète car elle savait que Luc et Selena attendaient un deuxième enfant, qui devait naître à la fin du mois de février ou au début du mois de mars. Elle ne comprenait pas pourquoi, si tout allait bien, ils n'avaient pas partagé la bonne nouvelle avec elle. Tout s'emmêlait dans sa tête : s'ils n'appelaient pas, c'était que forcément, il y avait eu un problème. Selena pouvait avoir fait une fausse couche. Le bébé pouvait être malade. Luc pouvait être blessé. Luc pouvait être mort. Ils pouvaient être tous morts, ensevelis sous les décombres laissés par un énième bombardement. Élodie échafaudait les pires scénarios qui soient. Jusqu'à l'appel de Luc. Il allait bien. Ils étaient quatre – et ils allaient bien. Luc et Élodie n'ont pas parlé longtemps. Juste le temps pour Luc de lui redemander son adresse email – l'ancienne avait été piratée. Par contre, il ne lui a pas souhaité une bonne fête. « Il n'allait pas admettre qu'il avait pensé à cette date, devine Élodie. Mais je crois que ce n'était pas un hasard. » Elle s'ébroue : « C'était vraiment un drôle de dimanche. Un mélange de tout, de soulagement, de nerfs qui lâchent. Je n'avais pas entendu sa voix depuis si longtemps. » Une heure après avoir raccroché, Élodie recevait une série de photos du deuxième bébé – une petite blondinette qui tire sur le roux, « une vraie pépette, super craquante », aux dires de la jeune grand-mère, consciente de son manque d'objectivité. Mais sur les clichés, les yeux verts de la petite poupée sont bel et bien ceux d'Élodie.

Quand Luc était petit, il était souvent privé de jeux vidéo ; son tour sera bientôt venu d'inventer lui-même des punitions, si ses deux filles sont démangées par l'envie de faire des bêtises. « Luc n'était pas un enfant insupportable, à se rouler par terre dès que quelque chose n'allait pas, explique Élodie. Il était plus malin que ça. Au supermarché, quand je ne m'arrêtais pas au rayon pour enfants, il clignait des yeux et poussait un grand soupir en se lamentant et en chuchotant : "Oh, j'aurais a-do-ré tel ou tel jouet." Je faisais souvent demi-tour et le lui achetais. Il obtenait ce qu'il voulait sans chouiner. » Luc était très ingénieux, et ses entourloupes pouvaient causer bien du souci à ses parents. « Je préparais toujours les habits de Luc la veille, et c'est son père qui l'habillait le matin, parce que je commençais à travailler tôt, explique Élodie. Un jour, je l'ai retrouvé, en plein hiver, en tenue estivale. Il avait échangé les vêtements que j'avais choisis contre d'autres qui lui plaisaient mieux, qui étaient en train de sécher. Il les avait même échangés sur l'étendoir à linge pour que son père ne remarque rien. En le récupérant le soir à l'école, j'avais eu un peu la honte : il était habillé franchement léger pour la saison ! » De même, quand il désirait de nouveaux pantalons, Luc prétendait que les anciens étaient déchirés. « En fait, il avait mis un bon gros coup de ciseaux dedans », rectifie Élodie. Elle retrouvait régulièrement son fils « avec du chocolat tout autour du museum » : il cachait des provisions dans le canapé du salon. « S'il était puni, il assumait », explique Élodie. Parfois, il prenait même les devants : « Je me souviens d'un soir où, à table, au milieu du repas, Luc avait poussé un long soupir désespéré, avant de se lever, raconte Élodie. Il est venu nous faire un bisou. On lui a demandé ce qu'il faisait. Il a dit : "Je vais au dodo, puisque je n'aurai pas de dessert", et s'est dirigé vers sa chambre, comme un condamné à mort. Il ne voulait simplement pas vider son assiette. On s'est regardé, son père et moi, au bord du fou rire. » Il arrivait aussi à Luc de donner – discrètement, croyait-il – de la nourriture aux chiens pendant les repas. Pire encore : un jour qu'il rechignait – encore – à vider son assiette, ses parents l'ont laissé seul dans la cuisine, le temps qu'il termine. Il a lancé ses restes dans le jardin. « Il n'y avait qu'une porte-fenêtre entrouverte, à trois ou quatre mètres de la table, précise Élodie. Il avait vraiment bien visé ! Il ne pouvait pas se lever, je l'aurais entendu puisque j'étais juste à côté ! » Quand sa mère a repéré les boules de poils en train de se régaler, « ventre à terre dans le gazon », elle a vite compris que son petit monstre avait, une fois encore, fait preuve d'une imagination fertile. Luc la cultivait beaucoup avec sa grand-mère maternelle, qui l'emmenait régulièrement visiter des musées et ne ratait jamais les grands événements destinés aux enfants. « Il y avait par exemple des animations organisées au moment où *Toy Story* est sorti, se souvient Élodie. Maman l'y avait emmené. » Comme tous les enfants, Luc aimait beaucoup les dessins animés – sauf un vieil épisode d'*Albator*, de l'époque de sa mère, qui lui faisait peur. « Si ma mémoire est bonne, il avait été impressionné par les sylvidres, ces extra-terrestres mi-femme, mi-plante, aux longs cheveux bleus, précise Élodie. Cela dit, quand j'étais gamine, elles me foutaient aussi un peu les jetons ! »

Élodie, « grande mordue de ciné », a transmis à Luc cette passion. Après son divorce, Élodie appréciait particulièrement de passer du temps dans les salles obscures ; elle avait acheté un pass illimité. À la recherche de la perle rare, elle n'hésitait pas à choisir les films boudés par la critique. « J'avais vu un film russe sur Ivan le Terrible, c'était vraiment improbable. Mais quand l'histoire démarre, elle est juste incroyable », s'extasie Élodie. Le dimanche matin, Luc l'accompagnait toujours à la séance de 11 heures. Luc aimait beaucoup les films « tiroirs » – avec plusieurs niveaux d'histoires qui s'imbriquent dans un même scénario. Souvent, Leonardo DiCaprio était à l'affiche. « Luc avait voulu qu'on aille voir *Shutter Island* deux fois, raconte sa mère. La deuxième fois, on n'a pas la même vision de l'histoire. Aucune phrase n'est anodine. Luc adore les films un peu alambiqués, où tout bascule au dernier moment, où le spectateur se rend compte qu'il s'est fait balader jusqu'à la dernière minute. » La mère et son fils, complices, faisaient toujours un saut au McDonald's ou au Starbucks en sortant du cinéma, le temps d'échanger leurs impressions sur le film. « C'était notre rituel », dit-elle calmement. Comme tout cela lui manque.

Élodie, quant à elle, a un faible pour le cinéma français des années soixante-dix – quand Claude Sautet passait derrière la caméra ou que Michel Piccoli ou Romy

Schneider crevaient l'écran. Elle n'aime pas trop regarder des films à la maison, sur son canapé : rien ne vaut le calme d'une salle obscure. « Chez soi, on peut appuyer sur pause, faire ci, ça, autre chose… On n'est jamais tout à fait dans l'ambiance. » Même devant le meilleur long-métrage au monde, Élodie n'arrive pas à chasser Luc de ses pensées. Il n'est plus là, et pourtant, il est toujours présent. Il la suit dans ses moindres mouvements ; il veille, du petit déjeuner au dîner, il la regarde se maquiller, il la poursuit dans le métro, la file jusqu'au supermarché. Au bureau, il s'assied à ses côtés, surtout quand il n'y a pas trop de travail à abattre. Élodie aime bien que les réunions s'enchaînent : elle doit se concentrer, cela l'empêche de trop penser. Il est avec elle quand elle fait les boutiques – « Cette petite robe là, il l'aurait bien aimée, je crois… » – ou quand elle découvre une nouvelle chanson qui lui plaît – « C'est tellement son style, cette musique ! » Il ne la quitte que la nuit, et encore, pas toujours : Élodie rêve souvent de son fils. Même la superbe reproduction de la belle Jeanne Hébuterne de Modigliani au-dessus de son lit ne lui assure pas un sommeil paisible.

Ses amis essayent de l'aider, mais Élodie est difficile à divertir. Elle n'y peut rien : elle voudrait être aussi dynamique, affectueuse et boute-en-train qu'auparavant mais trouve à peine la force de sourire. Alors enchaîner les cocktails, organiser de fastueux dîners et sortir danser, tout cela ne la tente qu'à moitié. Et puis, elle l'avoue, elle n'a jamais beaucoup aimé cuisiner. « Je ne sais même pas préparer une omelette, concède-t-elle. Cela désespérait mon père ! » Il n'y a que deux plats qu'elle réussit à coup sûr – même s'ils ne sont pas les plus simples à concocter : la blanquette de veau et le pot-au-feu. Avant « tout ça », elle les ressortait à chaque occasion. Ils ne lui manquent pas vraiment. Les soirées dansantes lui correspondaient plus. Élodie est une fêtarde : « Luc aussi dansait avant de savoir marcher », illustre-t-elle. Depuis le départ de son fils, elle sort moins, parce que le cœur n'y est pas. N'y est plus. Ses amis la comprennent. Et la soutiennent. Élodie s'oblige à ne pas refuser toutes leurs invitations : « Le plus dur, c'est d'y aller. Une fois sur place, la plupart du temps, je passe un bon moment. » Elle en est sûre : « Mes amis ne font pas la gueule quand je ne viens pas. Ils savent bien pourquoi je ne suis pas là. » Ils sont à l'écoute – et s'enquièrent régulièrement : « T'as eu des *news* ? » Pas besoin de préciser de qui, de quoi. Si Élodie a envie d'évoquer Luc, elle se lance ; c'est agréable, quelquefois. Sinon, elle entraîne la conversation sur un autre chemin – vers des auspices plus réjouissants que le djihad, les kalachnikovs et les petits-enfants fantômes. Tout, sauf la Syrie. Car Élodie aussi a parfois besoin de répit.

## Lettre d'Élodie

À ceux qui pensent que cela n'arrive qu'aux autres,
À ceux qui se croient épargnés,
À ceux qui ne se sentent pas concernés.

« Ils n'ont pas honte de venir pleurer dans les médias ? » « Ils feraient mieux de se taire et de se "cacher" » « On fait pas des gosses quand on sait pas les éduquer. » « Ils sont seuls responsables, on va pas les plaindre non plus. » « Ils », c'est nous, les parents et les familles supposés démissionnaires, défaillants et indignes.

Combien de fois ai-je pu m'écrouler en hurlant et rester assise là, en larmes, au milieu de mon salon, fracassée par ces phrases assassines lues sur les réseaux sociaux ? Je ne sais même plus… À l'annonce du décès d'un jeune dont les parents sont médiatisés, comble de l'ignominie, un internaute a écrit : « C triste mais ils l'ont bien cherché, C bien fait pour eux. » La cruauté et la bêtise ordinaire des gens « bien-pensants » pétris de certitudes et engoncés dans leur ignorance crasse sont un fléau au moins aussi violent et destructeur que le djihadisme lui-même.

Je vomis ces clichés qui veulent faire de nous des parents déficients dont les enfants n'ont reçu ni amour, ni éducation, ni attention, tout comme je vomis ces autoproclamés « spécialistes de la radicalisation » qui phagocytent les médias en voulant nous faire croire que c'est uniquement un problème de « quartiers », de cités, de banlieues laissées à l'abandon, en marge des lois de la République. Le phénomène de la radicalisation est aussi un business juteux et lucratif pour certains, à qui les cadavres de nos enfants servent de marchepied et de tremplin… Contre eux aussi, je me battrai toujours.

Mon fils n'a pas grandi dans une « cité ». Nous avons toujours vécu dans la banlieue sud, agréable, verdoyante et plutôt privée. Bien sûr, comme partout, il existe deux ou trois quartiers plus sensibles, mais ni « emprise » sur la ville, ni zone de non-droit pour la police, ni même pour la police municipale qui y circule librement là et quand elle le décide. Ici les femmes peuvent se promener seules à 23 heures, en jupe courte, ou aller s'attabler à la terrasse d'un café sans avoir la peur au ventre… Ma ville est une pleine zone républicaine. Alors, où est le problème de quartier là-dedans ? Pourtant c'est ici que mon enfant a croisé le diable qui nous a offert un aller simple pour l'enfer.

Mon fils a grandi, fils unique et gâté, dans une famille athée, dite de « tranche du milieu », la pire, celle qu'on déteste et fait râler. « Trop aisés pour obtenir des avantages mais suffisamment pour se faire lessiver par les impôts. » Famille standard, « française de souche » comme on dit, salaires « moyens hauts », aucune frustration « sociale » susceptible de faire sombrer dans le radicalisme. Mon fils est parti chaque été en vacances en bord de mer, partout, en France ou à l'étranger... Il a voyagé, il a fait la Crète, les Baléares, l'Angleterre. Son père et moi avons fait le choix et le sacrifice de l'inscrire dans une école privée catholique, plutôt onéreuse, non pas par conviction religieuse, mais pour les qualités de l'enseignement qui y était dispensé. C'est d'ailleurs lui qui, à l'âge de 10 ans, a demandé à suivre les cours de catéchisme, et à se faire baptiser. C'était son choix, nous l'avons respecté. Il a fréquenté dès son plus jeune âge les cinémas, les musées, les parcs d'attractions, les expos et les bibliothèques. Où se trouvent la misère sociale, intellectuelle, financière et le manque de soins et d'attention là-dedans ? Quant à l'amour... Que dire de l'amour d'une mère qui perd son fils unique ? Il appartient à chacun de supposer ce qu'il pourrait ressentir, à ma place...

Colère ? Agonie ? Désintégration physique et morale ? Aucun mot n'est assez puissant pour exprimer ce mal insidieux, qui ronge comme l'acide, qui consume, qui divise le corps et l'esprit. Je pourrais raconter les nuits blanches, regard rivé sur le papier peint, le JT de 20 heures et la bête viscérale, bestiale qui se réveille et ravage le bas-ventre, vous donne la diarrhée et vous fait vomir même l'estomac vide... La bête, c'est le seul nom que j'ai trouvé pour définir cette chose immonde qu'est la peur... Cette peur-là ! Celle de voir le visage de son gamin dans le journal, de recevoir leur ignoble message pour vous demander d'être « fière et heureuse si le frère a rejoint Allah en martyr ou sous les bombes ». Je pourrais raconter la sidération, la colère, la rage, la haine, mais surtout le vide atroce, ignoble, de son absence... Son empreinte et sa voix qui résonnent partout dans la maison. Il y a aussi les photos de mes deux magnifiques petites puces... Elles ont 2 ans et 7 mois. Il paraît qu'elles me ressemblent... Elles sont nées

## Céline Schoen

là-bas, dans la fureur et le sang. C'est terrible cette envie de pleurer lorsque je passe aux abords d'un parc, d'un manège ou que j'entends rire un enfant. Alors j'évite de passer devant les parcs et les manèges.

Je pourrais raconter, mais je ne trouve pas de mots assez forts pour raconter l'indicible et le néant.

Élodie

## Table des matières

Samira ............................................................ 15
Olivier ............................................................ 45
Véronique ..................................................... 77
Christine ..................................................... 111
Élodie ......................................................... 141

## Chez le même éditeur
## (extrait)

Isabelle Albert, *Le trader et l'intellectuel. La fin d'une exception française*
Jean Claude Ameisen, avec Nicolas Truong, *Les chants mêlés de la Terre et de l'Humanité*. Illustrations de Pascal Lemaître
Alain Badiou, *D'un désastre obscur. Droit, État, politique*
Laurent Bazin, Pierre-Henri Tavoillot, *Tous paranos ? Pourquoi nous aimons tant les complots…*
Guy Bedos, Albert Jacquard, *La rue éclabousse*
Guy Bedos, avec Gilles Vanderpooten, *J'ai fait un rêve*
Philippe J. Bernard, Thierry Gaudin, Susan George, Stéphane Hessel, André Orléan, *Pour une société meilleure!*
Lucien Bianco, *La révolution fourvoyée. Parcours dans la Chine du XX$^e$ siècle*
Laurent Bibard, *Terrorisme et féminisme*
Régis Bigot, *Fins de mois difficiles pour les classes moyennes*
Jean Blaise, Jean Viard, avec Stéphane Paoli, *Remettre le poireau à l'endroit*
Laurent Chamontin, *L'empire sans limites. Pouvoir et société dans le monde russe*
Bernard Chevassus-au-Louis, *La biodiversité, c'est maintenant*
Pierre Clastres, *Archéologie de la violence. La guerre dans les sociétés primitives*
Daniel Cohn-Bendit, avec Jean Viard et Stéphane Paoli, *Forget 68*

## Céline Schoen

Pierre Conesa, *Guide du paradis. Publicité comparée des Au-delà*
Boris Cyrulnik, *La petite sirène de Copenhague*
Boris Cyrulnik, Edgar Morin, *Dialogue sur la nature humaine* (existe en version illustrée par Pascal Lemaître)
Caroline Dayer, *Sous les pavés, le genre*
Antoine Delestre, Clara Lévy, *L'esprit du totalitarisme*
François Desnoyers, Élise Moreau, *Tout beau, tout bio ?*
Toumi Djaïdja, avec Adil Jazouli, *La Marche pour l'Égalité*
François Dessy, *Roland Dumas, le virtuose diplomate*
François Dessy, *Jacques Vergès, l'ultime plaidoyer*
François Durpaire, Béatrice Mabilon-Bonfils, *Fatima moins bien notée que Marianne... L'islam et l'école de la République*
Victor Eock, avec Nicolas Balu, *La rage de survivre*
Yassine Essid, *La face cachée de l'islamisation. La banque islamique*
Bruno Étienne, *Une grenade entrouverte*
Thomas Flichy de La Neuville, *L'Iran au-delà de l'islamisme*
Thomas Flichy de La Neuville, Olivier Hanne, *L'endettement ou le crépuscule des peuples*
Thomas Flichy de La Neuville, *Les grandes migrations ne détruisent que les cités mortes*
Mathieu Flonneau, Jean-Pierre Orfeuil, *Vive la route ! Vive la République !*
Jérôme Fourquet, *Karim vote à gauche et son voisin vote FN*
Jérôme Fourquet, Sylvain Manternach, *L'an prochain à Jérusalem ? Les Juifs de France face à l'antisémitisme*
Jérôme Fourquet, *Accueil ou submersion ? Regards européens sur la crise des migrants*
Tarik Ghezali, *Un rêve algérien*
Hervé Glevarec, *La culture à l'ère de la diversité. Essai critique, trente ans après* La Distinction
Martin Gray, avec Mélanie Loisel, *Ma vie en partage*
Michaël Guet, *Dosta ! Voir les Roms autrement*
Félix Guattari, *Lignes de fuite. Pour un autre monde de possibles*
Claude Hagège, *Parler, c'est tricoter*
Françoise Héritier, avec Caroline Broué, *L'identique et le différent*

Stéphane Hessel, évocations avec Pascal Lemaître, *Dessine-moi un Homme*
Stéphane Hessel, avec Gilles Vanderpooten, *Engagez-vous!*
Stéphane Hessel, avec Edgar Morin et Nicolas Truong, *Ma philosophie*
François Hollande, Edgar Morin, avec Nicolas Truong, *Dialogue sur la politique, la gauche et la crise*
François Jost, *Pour une éthique des médias*
François Jost, Denis Muzet, *Le téléprésident. Essai sur un pouvoir médiatique*
Jean-François Kahn, avec Françoise Siri, *Réflexion sur mon échec*
Marietta Karamanli, *La Grèce, victime ou responsable?*
Dina Khapaeva, *Portrait critique de la Russie*
Denis Lafay (dir.), *Une époque formidable*
Hervé Le Bras, *Le sol et le sang*
Soazig Le Nevé, Bernard Toulemonde, *Et si on tuait le mammouth?*
Franck Lirzin, *Marseille. Itinéraire d'une rebelle*
Béatrice Mabilon-Bonfils, Geneviève Zoïa, *La laïcité au risque de l'Autre*
Noël Mamère, avec Stéphanie Bonnefille, *Les mots verts*
Virginie Martin, *Ce monde qui nous échappe*
Virginie Martin, Marie-Cécile Naves, *Talents gâchés. Le coût social et économique des discriminations liées à l'origine*
Gregor Mathias, *Les guerres africaines de François Hollande*
Dominique Méda, *Travail: la révolution nécessaire*
Éric Meyer, *Cent drôles d'oiseaux de la forêt chinoise*
Éric Meyer, Laurent Zylberman, *Tibet, dernier cri*
Danielle Mitterrand, avec Gilles Vanderpooten, *Ce que je n'accepte pas*
Edgar Morin, Patrick Singaïny, *Avant, pendant, après le 11 janvier*
Janine Mossuz-Lavau, *Pour qui nous prend-on? Les « sottises » de nos politiques*
Manuel Musallam, avec Jean Claude Petit, *Curé à Gaza*
Denis Muzet (dir.), *La France des illusions perdues*
Thi Minh-Hoang Ngo, *Doit-on avoir peur de la Chine?*
Pascal Noblet, *Pourquoi les SDF restent dans la rue*

## Céline Schoen

Yves Paccalet, avec Gilles Vanderpooten, *Partageons! L'utopie ou la guerre*
Jéromine Pasteur, avec Gilles Vanderpooten, *La vie est un chemin qui a du cœur*
Serge Paugam, *Vivre ensemble dans un monde incertain*
Jérôme Pellissier, *Le temps ne fait rien à l'affaire...*
Edgard Pisani, *Mes mots. Pistes à réflexion*
Sandrine Prévot, *Inde. Comprendre la culture des castes*
Pun Ngai, *Made in China. Vivre avec les ouvrières chinoises*
Pierre Rabhi, *La part du colibri* (existe en version illustrée par Pascal Lemaître)
Dominique de Rambures, *Chine : le grand écart. Modèle de développement chinois*
Dominique de Rambures, *La Chine, une transition à haut risque*
Hubert Ripoll, *Mémoire de « là-bas ». Une psychanalyse de l'exil*
Laurence Roulleau-Berger, *Désoccidentaliser la sociologie*
Olivier Roy, avec Nicolas Truong, *La peur de l'islam*
Youssef Seddik, *Le grand malentendu. L'Occident face au Coran*
Youssef Seddik, *Nous n'avons jamais lu le Coran*
Youssef Seddik, avec Gilles Vanderpooten, *Tunisie. La révolution inachevée*
Ioulia Shukan, *Génération Maïdan. Vivre la crise ukrainienne*
Mariette Sineau, *La force du nombre*
Philippe Starck, avec Gilles Vanderpooten, *Impression d'Ailleurs*
Benjamin Stora, avec Thierry Leclère, *La guerre des mémoires. La France face à son passé colonial*, suivi de *Algérie 1954*
Philippe Subra, *Zones À Défendre*
Didier Tabuteau, *Dis, c'était quoi la Sécu ?*
Pierre-Henri Tavoillot, *Faire ou ne pas faire son âge*
Nicolas Truong (dir.), *Résistances intellectuelles*
Nicolas Truong (dir.), *Penser le 11 janvier*
Nicolas Truong (dir.), *Résister à la terreur*
Nicolas Truong (dir.), *Le crépuscule des intellectuels français*
Gilles Vanderpooten, Christiane Hessel (dir.), *Stéphane Hessel, irrésistible optimiste*
Christian Vélot, *OGM : un choix de société*

## Parents de djihadiste

Pierre Veltz, *Paris, France, monde*
Jean Viard, *Quand la Méditerranée nous submerge*
Jean Viard, *Le moment est venu de penser à l'avenir*
Jean Viard, *Le triomphe d'une utopie*
Jean Viard, *Toulon, ville discrète*
Jean Viard, *Marseille. Le réveil violent d'une ville impossible*
Jean Viard, *La France dans le monde qui vient. La grande métamorphose*
Jean Viard, *Nouveau portrait de la France*
Jean Viard, *Fragments d'identité française*
Jean Viard, *Lettre aux paysans et aux autres sur un monde durable*
Jean Viard, *Penser la nature. Le tiers-espace entre ville et campagne*
Jean Viard, *Éloge de la mobilité*
Jean Viard, *Le nouvel âge du politique*
Patrick Viveret, *Reconsidérer la richesse*
Julien Wagner, *La République aveugle*
Patrick Weil, *Être français* (existe en version illustrée par Pascal Lemaître)
Yves Wintrebert, Han Huaiyuan, *Chine. Une certaine idée de l'histoire*
Emna Belhaj Yahia, *Tunisie. Questions à mon pays*
Mathieu Zagrodzki, *Que fait la police ? Le rôle du policier dans la société*